ian	in	iang	ing	iong	u	ua	uo	uai	uei	uan	uen	uang	ueng	ü	üe	üan	ün
yan	yin	yang	ying	yong	wu	wa	wo	wai	wei	wan	wen	wang	weng	yu	yue	yuan	yun
bian	bin		bing		bu												
pian	pin		ping		pu												
mian	min		ming		mu												
					fu												
dian			ding		du		duo		dui	duan	dun						
tian			ting		tu		tuo		tui	tuan	tun						
nian	nin	niang	ning		nu		nuo			nuan				nü	nüe		
lian	lin	liang	ling		lu		luo			luan	lun			lü	lüe		
					gu	gua	guo	guai	gui	guan	gun	guang					
					ku	kua	kuo	kuai	kui	kuan	kun	kuang					
					hu	hua	huo	huai	hui	huan	hun	huang					
jian	jin	jiang	jing	jiong										ju	jue	juan	jun
qian	qin	qiang	qing	qiong										qu	que	quan	qun
xian	xin	xiang	xing	xiong										xu	xue	xuan	xun
					zhu	zhua	zhuo	zhuai	zhui	zhuan	zhun	zhuang					
					chu	chua	chuo	chuai	chui	chuan	chun	chuang					
					shu	shua	shuo	shuai	shui	shuan	shun	shuang					
					ru	rua	ruo		rui	ruan	run						
					zu		zuo		zui	zuan	zun						
					cu		cuo		cui	cuan	cun						
					su		suo		sui	suan	sun						

CD付テキスト

超中国語入門

竹山相哲
張　健同
中　みき子　著
李　愛華
坂井多穂子

晃洋書房

CD
　発音、本文、関連語彙が吹き込まれています。
　頭出しが自由にできます。
　マークの数字が頭出しの番号です。

は　じ　め　に

　中国語とは、「中国人が話すことば」と思ったらそれは大間違いです。中国語と言っても上海の人は上海語を、福建の人は福建語（正式には「閩南語」）を、広東や香港の人は広東語（「粤語」）を、北京の人は北京語を話しますからどちらのことばが本当の中国語かと聞かれると答えに困るわけですね。中国の各地方を回ってみると、その地方に通用する方言というものが数多く存在しますが、これら地方のことばは中国人にとってもまるで外国語のように聞こえるのです。

　幸いに、中国では少々教育を受けた人であれば誰もが普通に「普通話」というものを話せるので、コミュニケーションをとるのに困ることはあまりありません。

　学校教育を受けた人なら上海人も福建人も広東人もみんな「普通話」は話せますから、一応どこに行っても「普通話」は通じるわけです。

　1949年以来、中国ではずっと「普通話」を普及してきました。テレビ、ラジオ、映画でも普通話を使い、政府の重要会議などの場においても「普通話」を使用し、学校教育でもなるべく先生が「普通話」で話すようにしてきました。

　中国では「普通話」を「北京話」「標準話」とも言います。北京地域を中心に広く使われることば及び北京より北のほうで使われる北方方言を混ぜて作ったのが「普通話」、つまり中国の標準的なことばであると考えればいいでしょう。

　日本のテレビやラジオの中国語講座でもこの「普通話」、すなわち標準的な中国語を教えているわけですが、この『超中国語入門』ももちろん「普通話」を学ぶための標準的な中国語を基準に作られたものです。

　中国語は難しい、発音も難しいし、文法も日本語に似てないから大変、という話をよく聞きますが中国語も外国語ですから発音も文法も日本語とは違いますし、難しく感じることもあるでしょう。しかし勉強すればするほど日本語に似ている部分も多いことに気づくはずです。同じく漢字を使っているということ以外にも、ことばのつくりかたや文の思考回路が似ていますので、学んでいくうちに「なるほど」と自ずとうなずく場合が多いでしょう。例えば、中国語は言葉の順番が英語に似ているといいますが、全体的な文の構成（文を考えるときの思考回路など）はむしろ日本語に似てい

ます。1年間、或いは2年間学習すればこのような言葉の特徴に気づいたりなんとなく意味が分かるようになったり、ますます楽しくなるかもしれませんね。

　いま、中国語はますます使い道が広くなっていますが、皆さんは中国語に接することで中国文化への理解が深まったり、自分の潜在的な能力に気づくようになるかもしれません。

　新しいことばを勉強するということは無限の可能性に挑戦するのと同じです。なぜならばことばの向こうには、皆さんがみたことも聞いたこともない全く新しい世界が広がっているからです。

　2010年3月

著 者 一 同

目　次

はじめに

発音編 ———————————————————————————— 1

会話編 ———————————————————————————— 21

第一课　你好 ————————————————————————— 22
　　①人称代名詞　②"叫"と"姓"　③"是"

第二课　我是一年级 ————————————————————— 26
　　①疑問文をつくる"吗"　②省略疑問文をつくる"呢"
　　③所有や所属を表す"的"

第三课　我每天很忙 ————————————————————— 30
　　①形容詞述語文　②所有と存在を表す"有"　③"也"と"都"

第四课　八点上课 —————————————————————— 34
　　①数の言い方　②年と日付と時間　③"几"と"多少"

第五课　你家在哪儿 ————————————————————— 38
　　①所在を表す"在"　②距離の隔たりを表す"离"　③反復疑問文
　　④連動文

第六课　我家有五口人 ———————————————————— 44
　　①指示代名詞　②方位詞　③親族の言い方　④持続を表す"着"
　　⑤前置詞"在"

第七课　学汉语 ——————————————————————— 48
　　①完了、実現と変化の"了"　②動作の時間を表す語　③様態補語

第八课　去故宫吧 —————————————————————— 52
　　①動詞の重ね型　②"吧"の用法　③過去の経験を表す"过"
　　④"多"＋形容詞

第九课　买东西 ——————————————————————— 56
　　①"想""打算"　②"先～然后～"　③疑問詞の不定用法　④量詞

第十课　喜欢二胡 —————————————————————— 62
　　①能願助動詞"会、能、可以"　②動作の対象を導く"给"
　　③助動詞"得"

目　　次

第十一课　自我介绍 -- 66
　　① 十二支の言い方　② 動作の進行　③ "虽然～但是～"

第十二课　住饭店 -- 70
　　① 二重目的語　② "是～的"　③ "把"構文

第十三课　在商店 -- 74
　　① お金の単位　② "有点儿"と"一点儿"　③ "如果～就"

第十四课　在饭店吃饭 -- 78
　　① 疑問詞＋"都""也"　② 選択疑問文

第十五课　在银行兑换人民币 -- 82
　　① 比較を表す"比"　② 結果補語

第十六课　在朋友家做客 -- 86
　　① 方向補語　② 動詞句が名詞を修飾するとき

第十七课　在医院 -- 90
　　① 主述述語文　② 使役文　③ 助動詞"要"　④ 禁止を表す"不要""别"

第十八课　约定 -- 94
　　① 近い未来を表す"快要～了"など　② 付加疑問文　③ 可能補語

第十九课　坐出租车 -- 100
　　① 受け身　② 可能性を表す"会"

第二十课　打电话 -- 104
　　① 動量補語　② "听说"

第二十一课　在邮局 -- 108
　　① 添加関係を表す"除了～还…"　② "因为～所以…"

第二十二课　问路 -- 112
　　① "一边～一边…"　② 量詞の後に用いて端数を表す"多"
　　③ 主語に動詞句がくる文

語彙索引 -- 115

（挿絵：竹山真熙（ジーニ））

発 音 編

『超中国語入門』を学ぶにあたってはまず以下の概念をしっかり覚えましょう。

Ⅰ　ピンイン

　当たり前のことですが、同じ漢字でも日本語の中の漢字の発音と中国語漢字の発音はまったく異なります。例えば「人」という漢字は、日本語では「じん」あるいは「ひと」などと発音しますが、中国語では「Rén」と発音します。

　ただ、中国語で「人」をどのように発音するかという、読み方を知る手がかりがないと、日本人はもとより中国人であっても漢字をはじめて学ぶ人は読めない。そこで考案されたのが「ピンイン」です。正式には「漢語（中国語）拼音方案（Hàn yǔ pīn yīn fāng àn)」と呼ばれる方式です。

　この方法はローマ字のような記号を漢字にあてて読み方を正しく示そうとしたもので1958年に制定されました。いまでは日本を含め国際的に広く使われる国際公認の方法です。日本語を発音通りローマ字で表記するのと同じ方法だと考えればいいでしょう。そのローマ字に該当するものが「ピンイン」です。

Ⅱ　声　調

　「声調」とは、ことばを話すとき声の強弱を表す「アクセント」のようなものです。日本語の「おはようございます。」という文にアクセントをつけて発音してみましょう。しかも、9文字すべてにアクセントをつけ、そのまま読んでみてください。きっとおかしいと感じるはずです。

　外国人が日本語を話すとき、発音は正しいのにどこか「外人ぽく」感じるのはことばにアクセントをつけるからです。例えば「おはよう」の「お」に「音を一気に下げる」アクセントをつけ、「は」には「ひくく抑えてからあげる」感じでアクセントをつけ、「よ」にはまた「一気に上げる」という具合でアクセントをつけて発音すると、本当におかしくてたまらない。

　ところが中国語は基本的にすべての文字にアクセントをつけて発音しなければなりません。

　例えば、「Ma」という発音に異なるアクセントをつけることによって「母」になってしまったり「馬」になったりします。

例えば、「Ma ma qi ma ma man ma ma ma ma」という文は中国語の教科書によく登場するアクセントの例文ですが、この文は2文字を除いてすべてが「ma」で構成されています。このすべての「Ma」にアクセントをつけることによって、はじめて立派な文章になるのです。

　「Mā ma qí mǎ mǎ màn mā ma mà mǎ（妈妈骑马马慢妈妈骂马）」（お母さんが馬にのって馬が遅いから馬を叱っている。）という具合です。

　すべてのことばに異なるアクセントが付けられているということは、一見大変そうに思われがちですが、実はそれほど大変ではありません。なぜならば、中国語に「声調」は4つしかないからです。中国語を習うときその4つのアクセント（中国語では「四声」というが）を便宜上「第一声」「第二声」「第三声」「第四声」と呼び、それぞれ記号で表記します。

　第一声：高く平らな調子。

　第二声：一気に上げる。

　第三声：低く抑えてから上げる。

　第四声：一気に下げる。

　声調の強弱、正しい発音は「母音」や「子音」の部で音で覚えるようにしましょう。

Ⅲ　発音

　「日本語の発音は難しいですか。」と聞かれたら、皆さんはどのように答えるのでしょう。多分「いや、そうでもないよ」と答えるか、なかなか答えられないかもしれませんね。中国人にとって日本語の発音は難しいのです。例えば「収支はとんとんだ」というときの「とんとん」と、「仕事がどんどん溜まってきた」というときの「どんどん」を正確に聞き分けられるよう発音できる中国人は少ないのかもしれません。韓国人に「また」と「まだ」を正確に発音しろ、というのは無理かもしれません。つまり、日常的に使う簡単なことばでも、日本人にはとても易しくても外国人には難しいのです。

中国語の発音も同じです。中国人にはとても簡単な発音でも日本人や外国人には難しく感じるでしょう。どんな外国語も正しく、完璧に発音するのは難しいのかも知れません。しかし、そうは言っても方法はあります。

　中国語も日本語と同じように「母音」と「子音」が合体して「音」を作る仕組みになっていますが、中国語には母音が6つ、子音が21あり、日本語を話せる皆さんならほとんど発音できるはずです。もちろん、その中には日本語では見たこともない「母音」があったり、日本語にない「子音」も幾つかあります。

　中国語を正しく発音できるようになるには、これら「母音」と「子音」の発音を正しく発音しなければなりません。そのためには、まず、このような、日本語にない中国語独特の母音と子音の発音は教えてもらうか、CDなどを聞きながら覚える必要があります。日本語にある発音であっても日本語の発音とどう違うかに留意し、その独特な発音を「音で覚える」必要があります。

　中国語の6つの母音、21の子音を正確に発音できれば、それをどのように組み合わせても発音できるはずですし、さほど難しく感じないでしよう。

　次に、中国語には、日本語にない複合母音などがありますので、それに慣れる必要があります。

　下に、中国語の音を作る材料を順番に表示していますので、それを先ず学ぶことにしましよう。

Ⅳ　中国語発音の基礎

1）単母音

　　　　　a　　o　　e　　i　　u　　ü

発生器官の状態および発音時の舌の位置

高低＼前後	前　舌	中　舌	後　舌
高	i[i]　ü[y]		u[u]
半高／半低	ê[ε]		e[ɤ]　o[o]
低		a[A]	

— 5 —

a	—	ā	á	ǎ	à
o	—	ō	ó	ǒ	ò
e	—	ē	é	ě	è
i	—	yī	yí	yǐ	yì
u	—	wū	wú	wǔ	wù
ü	—	yū	yú	yǔ	yù

2) 複合母音

ai	ei	ao	ou
ia	ie	iao	iou
ua	uo	uai	uei
		üe	

ai	—	āi	ái	ǎi	ài
ei	—	ēi	éi	ěi	èi
ao	—	āo	áo	ǎo	ào
ou	—	ōu	(óu)	ǒu	òu
ia	—	yā	yá	yǎ	yà
ie	—	yē	yé	yě	yè
iao	—	yāo	yáo	yǎo	yào
iou	—	yōu	yóu	yǒu	yòu
ua	—	wā	wá	wǎ	wà
uo	—	wō	wó	wǒ	wò
uai	—	wāi	wái	wǎi	wài
uei	—	wēi	wéi	wěi	wèi
üe	—	yuē	(yué)	yuě	yuè

3) 鼻母音

an	en	ang	eng	-ong
ian	in	iang	ing	iong
uan	uen	uang	ueng	
üan	ün			

ueng と -ong

4）巻舌母音

er

巻舌母音 er は儿化韻に使う以外は、皆独自で音節をなします。

例： értóng 儿童

　　ěrjī 耳机

　　èrliǎng 二两

　　nǚ'ér 女儿

　　mù'ěr 木耳

　　shí'èr 十二

5）子音

子音発生時の発声器官の位置及び方法

発音方法 発音部位	無気音	有気音	有声鼻音	無声摩擦音	有声摩擦音	有声側面音
両唇音	b	p	m			
唇歯音				f		
歯茎音	d	t	n			l
軟口蓋音	g	k		h		
歯茎硬口蓋音	j	q		x		
巻舌音	zh	ch		sh	r	
舌端音	z	c		s		

　　zh、ch、sh、r 及び z、c、s を長く発音する時、子音につづいて自然に出る韻母が特殊母音 [ʃ]（zh、ch、sh、r の場合）或いは [ɿ]（z、c、s の場合）であり、便宜上 i とつづるが、それ自体で音節となることはできない。文字につられて、[i] の音色を出さないように注意しなければならない。

b [p]

両唇の破裂無気音。破裂有気の p[p'] 、鼻音のm[m]もこれに準ずる。

f [f]

上歯と下唇との摩擦音（英語の子音 f と同じ）。

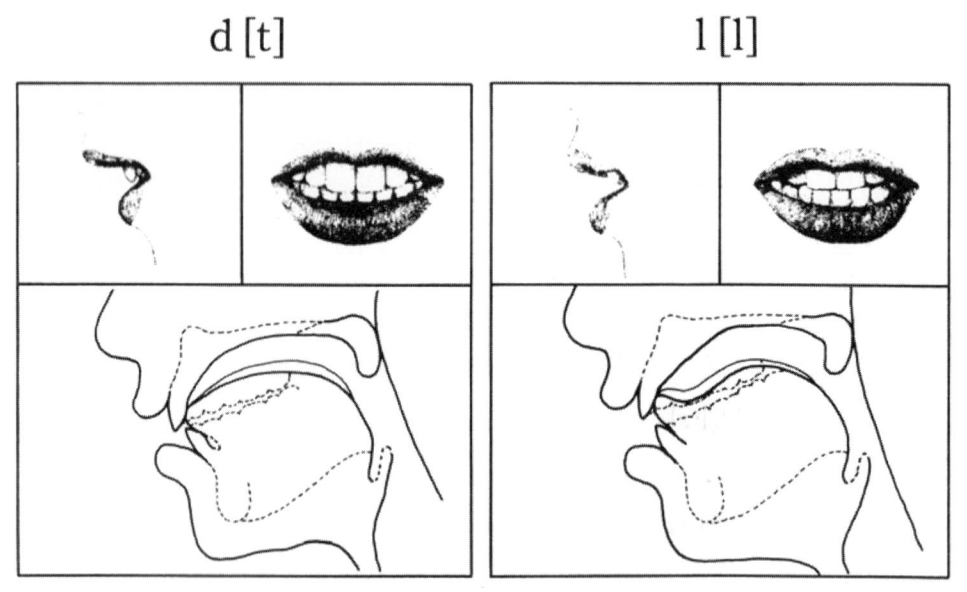

d [t]

舌尖の破裂無気音。破裂有気の t[t'] 、鼻音のn[n]もこれに準ずる。

l [l]

舌尖の側面音（舌尖を軽く上の歯茎につけて声を舌の両側から流出させる）。

g [k]

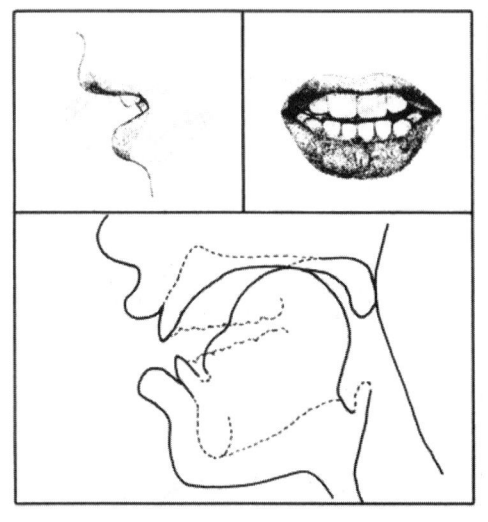

舌根と軟口蓋の破裂無気音。破裂有気のk[kʻ]もこれに準ずる。

h [x]

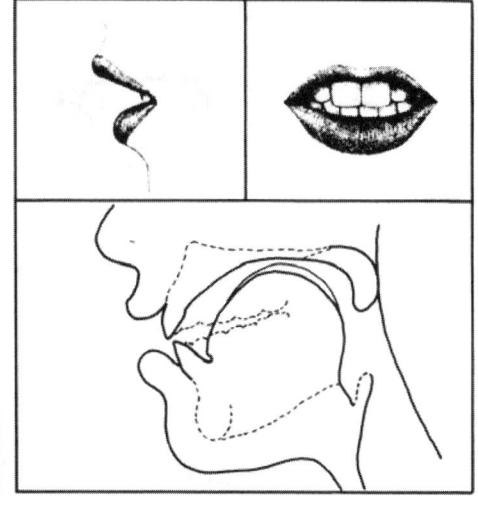

舌根と口蓋垂との摩擦音。

j [tɕɕ]

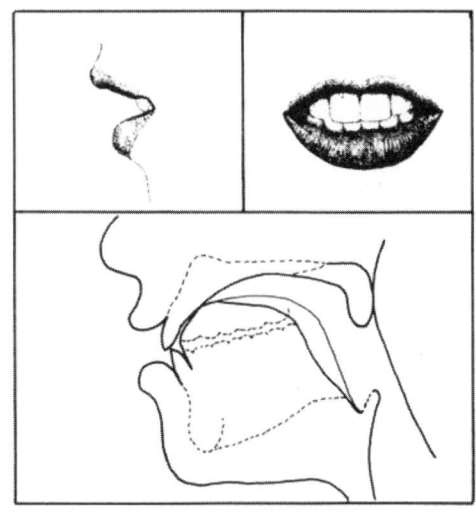

舌面と歯茎硬口蓋との破擦（破裂摩擦）無気音。有気のq[tɕɕʻ]もこれに準ずる。

x [ɕ]

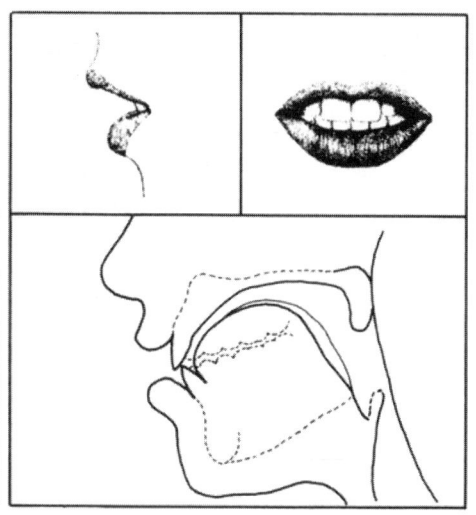

舌面と歯茎硬口蓋との摩擦音。

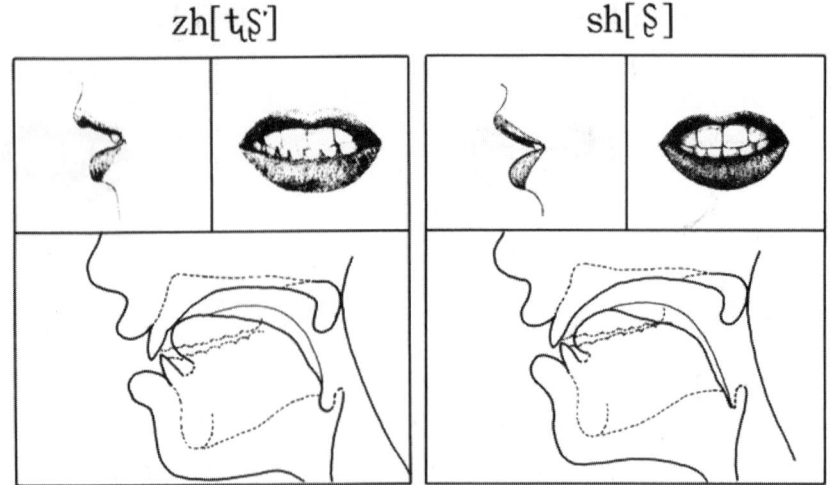

舌をそらせて硬口蓋にあてた破擦（破裂摩擦）無気音。有気のch[tʂʻ]もこれに準ずる。

舌をそらせて硬口蓋にあてた摩擦音。おなじ形の濁音r[ʐ˙]もこれに準ずる。

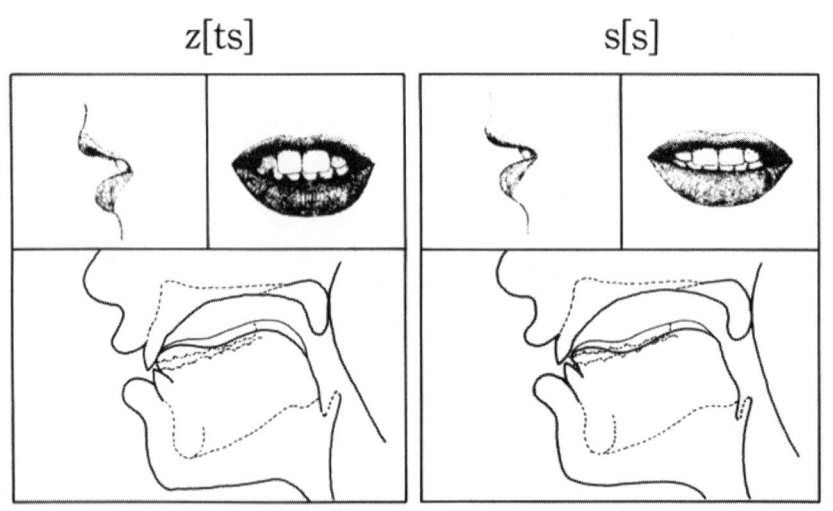

舌端（舌尖より少し奥の部分）と歯との破擦（破裂摩擦）無気音。有気のc[tsʻ]もこれに準ずる。

舌端と歯との摩擦音。

音節表の見方

　これら音を作る材料、すなわち「母音」や「子音」など音素をもって中国語では400あまりの音（音節）をつくります（見返し「中国語音節表」を参照）。

　これら一つ一つの音（音節）は、また声調（第一声、第二声、第三声、第四声）によって4種に分類されますから、音節は約1200あるんですね。難しいといえば難しいかもしれません。

Ⅴ　発音の注意点

　ピンインで発音するときは、音の変化やつづりの規則に注意を払う必要があります。

1）音節のつづり方

① u—w

　ua、uo、uai、uei など u で始まる音節は、u を w に書き変えて wa、wo、wai、wei のようにつづる。

② ü—yu

　ü で始まる音節甑 ü、üe、üan、ün は、すべて ü を yu に書き換えて yu、yue、yuan、yun とつづる。

③ ü—u

　ü が j、q、x の後に来る場合は u の上にある2つの点を省略して u と書く。

④ i—y

　ia、ie、iao など i で始まる音節は i を y に書き換えて ya、ye、yao のようにつづる。i、in、ing の三つの音節は y を書き加えて yi、yin、ying とつづる。

⑤ uei—ui

　uei は単独で一つの音節をなす場合は wei とつづるが、子音と組み合わせて一つの音節を作る場合は e があまりはっきり発音されないので、duei—dui、guei—gui のように e を省いて ui とつづる。

⑥ uen—un

　uen も単独では wen とつづるが、子音と組み合わせた場合は e があまりはっきり発音されないので duen—dun、guen—gun のように e を省いて un とつづる。

2）声調の変化
① 第三声の変化
まず、連続して第三声の音節がつづく場合には、前の第三声は第二声に変わります。

  你好 nǐhǎo は níhǎo になる。

  友好 yǒuhǎo は yóuhǎo になる。

表記上の注意：声調記号はもとのまま第三声の記号（∨）をつけるのが一般的です。

つぎに、第三声が第一、第二、第四声および大部分の軽声の前にくるときは、半三声、つまり本来の第三声の前半分だけを低く抑えて発音しますが、この場合も記号はもとのまま第三声記号（∨）で表示します。

②「不」bù の声調変化
「不」はもともと第四声ですが、後に第四声が続いた場合は第二声に変化します。

  不去 bùqù は búqù になる。

  不会 bùhuì は búhuì になる。

表記上の注意：声調記号は、変化した後の第二声の記号（／）をつけます。

③「一」yi の声調変化
「一」はもともと第一声です。

まず、単独で用いる場合、または二桁以上の数の十の位、あるいは最後の桁にあたる場合は、そのまま第一声で発音します。

  那是一 Nàshìyī

  二百一十一 èrbǎiyīshiyī

次に、後に第四声、または第四声から転化した軽声がくる場合、第二声にかわる。

  一定 yídìng

  一対 yíduì

最後に、後に第一声、第二声、第三声がくる場合、第四声にかわる。

  一般 yìbān

  一直 yìzhí

  一百 yìbǎi

ただし、序数として用いられた場合は第一声に変わる。

  第一课 dìyīkè

  一月 yīyuè

3）軽声

中国語には、四つの声調のほかに本来の声調のとおりに発音しなくてもいい音節もあります。声調を気にせずに軽く短く発音すればよく、これを「軽声」といいます。

例えば、

妈妈 māma

爸爸 bàba

姐姐 jiějie

哥哥 gēge

我们 wǒmen

看看 kànkan

このように2番目の音節は声調を気にせず軽く、短く発音する単語もあります。

4）「儿」化

名詞のなかには、語尾として「儿」を伴う単語があります。「儿」の発音は er ですが、単語の語尾につける場合は e を省略して r だけをつけて er と発音します。

「儿」化発音は、北京地域を中心に広く使われていますが、「儿」化して発音しなくても意味が通じる場合は、r をつけずに発音してもかまいません。

例えば、

根 gēn はわざわざ根 gēnr と発音しなくてもいい。

电影 diànyǐng も电影儿 diànyǐngr と発音しなくても結構。

ただし、玩儿 wǎnr のような単語は玩 wǎn よりもよく使われるので、なるべく wǎnr と発音したほうがいいでしょう。

VI 中国語の文法

「中国語の文法はむずかしいですか？」

この質問に答える前に、文法とは何かについて考えてみましょう。

文法とは、「ことば（単語や短文）を正しく並べる法則」です。しかし、この説明だけでは充分ではないことは下の例文を見ればすぐわかるでしょう。

「私は楽しい遊ぶます。」この文は、なぜ間違っているのでしょうか。順番はただしくても言葉にはなりませんね。「楽しい」は「楽しく」に、「あそぶ」は「あそび」になおしてつなげなければならない。

なぜ、「楽しい」は最後の部分を「く」に、「遊ぶ」は、最後の部分を「び」に直さなければならないのか。それは皆がそのように決めたからです。それは、長い間人々が習慣的にそうしてきた法則なのです。

　ただし、すべてのことばが勝手に変化すると困りますから、限りなく夥しい数のことばを何種類かに分類（「品詞」に分類）し、ことばの性質によって、使われる場所によって、前後にどんな性質のことばがくるかによって、ことばの最後の部分（語尾）を変化させたりします。すなわち、日本語では「楽しい」（形容詞）とか「遊ぶ」（動詞）のような性質のことばは文に使われるときは変化するのです。

　ただ、問題は「楽しい」はすべて「楽しく」というふうに変化しない点です。「ああ、楽しかった」というとき、ことばの尾に相当する「い」（語尾）は「かった」になってしまいますから、日本語を学ぶ外国人にとってはわけがわからなくなります。

　日本人は、それがどのように変化するかをよくわかっていますが、それにはルールがあるからです。そのようなルールを理解し、身に付けることではじめて正しいことばが話せるようになるのです。

　当然ながら、中国語も同じくルールがありますが、日本語とは異なるルールを持っています。中国語は日本語とちがって、いかなる単語も語尾を変化させたり、変えたりしません。ただ、正確に単語を並べればいいわけですから、それだけでも十分助かる気がしませんか。すなわち、中国語の文法は、ことばを正しく並べるだけでいいのです。その代わりに文法的な働きをすることばが結構多いのにも留意しなければなりません。

　日本語では、ことばをつなげるために「が」や「は」のようなことばを使いますが、中国語では、そのようなことばを必要としません。

　もっと詳しい文のルールについては一定量の文を覚えてから、あるいは文を覚えながら学ぶしかありませんね。

　テキストの中の「文法要点」を熟読し、よく吟味し、覚えることから始めるしかないと思います。

　最後に、中国語の学習はどうしてもピンインを覚えることから始めるしかありません。漢字を中国式に発音し、それに慣れるには、まずピンインに慣れなければなりません。ですから本格的な会話の勉強を始める前にピンインを繰り返し練習してみましょう。

練習問題(1)

一、発音してみよう。

(1) a—e　　(2) o—wu　　(3) wu—yu　　(4) e—er　　(5) a—er　　(6) o—yi

(7) yi—yu　(8) o—a　　 (9) e—yi　　(10) yi—er　(11) o—er　 (12) er—yu

二、声調に注意して発音しなさい。

(1) yī　yí　yǐ　yì　　(2) wū　wú　wǔ　wù　　(3) ēr　ér　ěr　èr

(4) ō　ó　ǒ　ò　　　(5) ē　é　ě　è　　　　(6) yū　yú　yǔ　yù

(7) yū　é　wǔ　à　　(8) ā　wú　ě　èr　　　(9) yí　yǔ　èr　ē

(10) yì　wǔ　é　ā　　(11) à　wú　yū　ǒ　　(12) ō　wǔ　é　yù

三、発音されたものに〇をつけなさい。

(1) á(　)　　(2) wǔ(　)　　(3) è(　)　　(4) èr(　)　　(5) yú(　)
　　à(　)　　　 wū(　)　　　 ě(　)　　　 ér(　)　　　 yǔ(　)

(6) yí(　)　(7) ě(　)　　(8) à(　)　　(9) ò(　)　　(10) yū(　)
　　yú(　)　　 ěr(　)　　　 ò(　)　　　 wù(　)　　　 yī(　)

四、発音を聞いて声調記号を付けなさい。

　　a　　o　　yi　　e　　er　　wu　　yu　　e　　yi　　yu　　er　　o

五、発音を聞いてピンインで書き取ってみよう。

(1)_____　(2)_____　(3)_____　(4)_____　(5)_____　(6)_____

(7)_____　(8)_____　(9)_____　(10)_____　(11)_____　(12)_____

練習問題(2)

一、発音してみよう。

(1) ba　pa　(2) de　te　(3) gu　ku　(4) ju　qu　(5) zhe　che

(6) ze　ce　(7) fa　ha　(8) qi　chi　(9) sha　sa　(10) re　le

二、声調に注意して発音しなさい。

(1) bā　bá　bǎ　bà　　(2) pī　pí　pǐ　pì　　(3) mā　mó　mě　mù

(4) jī　jǔ　qí　qù　　(5) cù　cá　cě　cī　　(6) zhū　chǔ　shù　rú

(7) gú　kǎ　hā　hù　　(8) kē　hé　gè　gǎ　　(9) zā　zú　zì　zě

(10) sà　sě　sú　sī　(11) fù　fó　fā　fǔ　(12) hé　hǔ　hà　hē

三、発音されたものに〇をつけよう。

(1) bú(　)　(2) kě(　)　(3) dǎ(　)　(4) jù(　)　(5) zí(　)　(6) fù(　)

　　pú(　)　　　gě(　)　　　tǎ(　)　　　qù(　)　　　cí(　)　　　hù(　)

四、発音を聞いて声調記号を付けなさい。

(1) ze　(2) cu　(3) ha　(4) zhu　(5) ji　(6) su　(7) xi

(8) chi　(9) qu　(10) po　(11) mi　(12) nu　(13) she　(14) re

五、発音を聞いてピンインで書き取ってみよう。

(1)_____ (2)_____ (3)_____ (4)_____ (5)_____ (6)_____

(7)_____ (8)_____ (9)_____ (10)_____ (11)_____ (12)_____

練習問題(3)

一、発音してみよう。

(1) āi－ēi (2) áo－óu (3) yǎ－yě (4) wà－wò (5) yáo－yóu (6) wǎi－wěi

(7) yuè－yè (8) wǒ－ǒu (9) dōu－duō (10) gào－guà (11) lèi－liè (12) fēi－hēi

二、発音してみなさい。

Měiguó(美国) yóupiào(邮票) àihào(爱好) xuèyè(血液) shuǐguǒ(水果)

Lǎowō(老挝) Jiǎozi(饺子) báijiǔ(白酒) wàiwéi(外围) dòujiǎo(豆角)

三、発音されたものに〇をつけよう。

(1) yuè ( ) (2) yáo ( ) (3) yè ( ) (4) chǐ ( ) (5) liè ( ) (6) yóu ( )
　　yè ( ) 　　liáo ( ) 　　yà ( ) 　　qǐ ( ) 　　lèi ( ) 　　liú ( )

(7) guā ( ) (8) miǎo ( ) (9) liú ( ) (10) xué ( ) (11) shéi ( ) (12) ruì ( )
　　huā ( ) 　　niǎo ( ) 　　niú ( ) 　　xié ( ) 　　shuí ( ) 　　zuì ( )

四、発音を聞いて声調記号を付けなさい。

(1) lai (2) nei (3) hao (4) kou (5) jia (6) xie (7) xue (8) hua (9) dui

(10) zuo (11) liu (12) mao (13) niao (14) qiu (15) yue (16) wei (17) zhui (18) shuai

五、発音を聞いてピンインで書き取ってみよう。

(1)_____ (2)_____ (3)_____ (4)_____ (5)_____ (6)_____

(7)_____ (8)_____ (9)_____ (10)_____ (11)_____ (12)_____

練習問題(4)

一、発音してみよう。

(1) qín qíng　　(2) làn làng　　(3) shēn shēng　　(4) nián niáng　　(5) chuán chuáng
　　琴　情　　　　烂　浪　　　　　身　生　　　　　年　娘　　　　　船　床

(6) yán yang　　(7) qiān qiāng　　(8) zhuān zhuāng　(9) zhēn zhēng　(10) mín míng
　　言　羊　　　　千　枪　　　　　专　装　　　　　真　争　　　　　民　名

二、発音されたものに〇をつけよう。

(1) jiàn (　) － jiàng (　)　　(2) kōng (　) － kēng (　)　　(3) gān (　) － gāng (　)

(4) kuān (　) － kuāng (　)　　(5) qín (　) － qíng (　)　　(6) fén (　) － féng (　)

三、発音を聞いて区別してみよう。

(1) shàngchuán (上船) － shāngchuán (商船)　　(2) rénshēn (人参) － rénshēng (人生)

(3) zhōngjiān (中間) － zhòngjiàn (重剣)　　(4) píngfāng (平方) － pínfán (频繁)

(5) qiūfēng (秋风) － qiūfēn (秋分)　　(6) rénmín (人民) － rénmíng (人名)

四、発音を聞いて____にnかngを選んで書き入れなさい。

(1) 东京 Dō__jī__　(2) 商贩 shā__fà__　(3) 观光 guā__guā__　(4) 香烟 xiā__yā__

(5) 人员 ré__yuá__　(6) 兴旺 xī__wà__　(7) 讲演 jiǎ__yǎ__　(8) 昆虫 kū__chó__

五、発音を聞いてピンインで書き取ってみよう。

(1)_____　(2)_____　(3)_____　(4)_____　(5)_____　(6)_____

(7)_____　(8)_____　(9)_____　(10)_____　(11)_____　(12)_____

練習問題(5)

一、三声＋三声の発音を練習してみよう。

yǒuhǎo	Guǎngdǎo	hǎigǎng	Qiǎncǎo	Xiǎoyě	Měnggǔ	yǒngjiǔ
友好	广岛	海港	浅草	小野	蒙古	永久

dǎsǎo	gǎnxiǎng	gǔlǎo	Bǎozhǒng	shuǐguǒ	yǔfǎ	běihǎi
打扫	感想	古老	宝冢	水果	语法	北海

二、軽声の発音を練習してみよう。

yéye	nǎinai	lǎoye	lǎolao	bàba	māma	gēge	jiějie	dìdi
爷爷	奶奶	老爷	姥姥	爸爸	妈妈	哥哥	姐姐	弟弟

mèimei	gūniang	érzi	zhuōzi	yǐzi	fángzi	běnzi	wàzi	qiézi
妹妹	姑娘	儿子	桌子	椅子	房子	本子	袜子	茄子

三、次の音節をつづり方の法則に基づいて、書き直してみよう。

i→　　in→　　iang→　　u→　　ua→　　uan→　　huen→

ü→　　üe→　　üan→　　iou→　　liou→　　uei→　　duei→

四、次の語句の「一」、「不」に適当な声調記号を付けなさい。

yibān	yiháng	yiqǐ	yicì	yidìng	dìyi	wéiyi	tǒngyi	wànyi
一般	一行	一起	一次	一定	第一	唯一	统一	万一

bushuō	bulái	buhǎo	buqù	chībuchī	xuébuxué	mǎibumǎi	gànbugàn
不说	不来	不好	不去	吃不吃	学不学	买不买	干不干

五、声調の組み合わせを練習しなさい。

	1声	2声	3声	4声	轻声
1声	Dōngjīng 东京	Chōngshéng 冲绳	Shānkǒu 山口	Zīhè 滋贺	shēngri 生日
2声	Héngbīn 横滨	Chángqí 长崎	Xióngběn 熊本	Shénhù 神户	péngyou 朋友
3声	Jiǔzhōu 九州	Mǐyuán 米原	Niǎoqǔ 鸟取	Shuǐhù 水户	jiǎozi 饺子
4声	Jìnggāng 静冈	Nàiliáng 奈良	Dàbǎn 大阪	Nàbà 那霸	àiren 爱人

会 話 編

第一课 你好 Nǐ hǎo

A： Nǐhǎo.
你好。

B： Nǐhǎo. Nǐ jiào shénme míngzi?
你好。你叫什么名字？

A： Wǒ jiào Tiánzhōng Yīláng, shì Rìběn rén. Nǐ guìxìng?
我叫田中一郎，是日本人。你贵姓？

B： Wǒ xìng Wáng, jiào Wáng Huī.
我姓王，叫王辉。

A： Chū cì jiànmiàn, qǐng duō guānzhào.
初次见面，请多关照。

B： Qǐng duō guānzhào.
请多关照。

A： Zài jiàn.
再见。

B： Zài jiàn.
再见。

新 出 単 語

你好	nǐhǎo	你	nǐ
叫	jiào	什么	shénme
名字	míngzi	我	wǒ
是	shì	日本人	Rìběnrén
贵姓	guìxìng	姓	xìng
王	Wáng	王辉	Wáng Huī
初次见面	Chūcìjiànmiàn	请多关照	Qǐngduōguānzhào
再见	zàijiàn		

要 点

①人称代名詞

	単数	複数
一人称	我 wǒ	我们 / 咱们 wǒmen/zánmen
二人称	你 / 您 nǐ/nín	你们 nǐmen
三人称	他 / 她 tā/tā	他们 / 她们 tāmen/tāmen

【注】 "您" は "你" の丁寧な言い方

"咱们" は必ず話し相手を含む

② "叫" と "姓"
　　　jiào　　　 xìng

　　叫（名前は～という）　　姓（～という姓である）
　　jiào　　　　　　　　　　xìng

　　　　我姓田中。
　　　　Wǒ xìng Tiánzhōng.

我叫田中一郎。
Wǒ jiào Tiánzhōng Yīláng.

我不姓铃木。
Wǒ bú xìng Língmù.

③ "是"

A 是 B。　A は B である。否定は "不是"

我是日本人。
Wǒ shì Rìběnrén.

他不是美国人。
Tā bú shì Měiguórén.

她也是英国人。
Tā yě shì Yīngguórén.

我们老师是中国人。
Wǒmen lǎoshī shì Zhōngguórén.

練習問題

一、中国語（漢字）に訳しなさい。

(1) あなたのお名前は？　私は田中といいます。

(2) 彼は日本人です。

(3) 私はイギリス人ではありません。

(4) 始めまして、どうぞよろしく。

(5) 彼女達の先生は中国人です。

二、声調を付けて漢字に直し、さらに日本語に訳しなさい。

(1) Nimen hao.

(2) Chu ci jian mian.

(3) Zai jian.

(4) Nin guixing?

(5) Ni jiao shenme mingzi?

三、次の（　）に動詞「叫、见、姓、是、关照」を入れなさい。

(1) 你(　　)什么名字？

(2) 我(　　)田中。

(3) 初次(　　)面，请多(　　)。

(4) 我(　　)日本人。

四、次のやりとりを完成して、暗記しなさい。

A：你好！

B：＿＿＿！你贵姓？

A：＿＿＿＿＿＿。你叫什么名字？

B：＿＿＿＿＿＿。

A：初次见面，请多关照。

B：＿＿＿＿＿＿。

第二课 我是一年级

<small>Wǒ shì yī niánjí</small>

A：你是一年级吗？
<small>Nǐ shì yī niánjí ma?</small>

B：我是一年级，你呢？
<small>Wǒ shì yī niánjí, nǐ ne?</small>

A：我也是一年级。我是留学生。
<small>Wǒ yě shì yī niánjí. Wǒ shì liúxuéshēng.</small>

B：你是哪个系的？
<small>Nǐ shì něi ge xì de?</small>

A：我是中文系的。
<small>Wǒ shì Zhōngwén xì de.</small>

B：我是社会学系的。
<small>Wǒ shì shèhuìxué xì de.</small>

A：以后请多帮助。
<small>Yǐhòu qǐng duō bāngzhù.</small>

B：不客气。
<small>Bú kèqi.</small>

新　出　単　語

年级	niánjí	吗	ma
呢	ne	也	yě
留学生	liúxuéshēng	哪个	nǎge/něige
系	xì	的	de
中文	Zhōngwén	社会学	shèhuìxué
以后	yǐhòu	请	qǐng
多	duō	不客气	bú kèqi
帮助	bāngzhù		

要　点

①疑問文をつくる"吗"

你去吗？
Nǐ qù ma?

他们都是学生吗？
Tāmen dōu shì xuésheng ma?

你的专业是日本文学吗？
Nǐ de zhuānyè shì Rìběn wénxué ma?

②省略疑問文をつくる"呢"

我喝咖啡，你呢？
Wǒ hē kāfēi, nǐ ne?

我去，你呢？
Wǒ qù, nǐ ne?

我们是日本人，你呢？
Wǒmen shì Rìběnrén, nǐ ne?

③所有や所属を表す"的"

中文系的学生　　　　大学的食堂　　　　她的电脑
Zhōngwén xì de xuésheng　　dàxué de shítáng　　tā de diànnǎo

家族や友人などの人間関係、所属関係を表す場合は「的」を省略できる。

我妈妈　　他朋友　　我们学校　　他们公司
wǒ māma　　tā péngyou　　wǒmen xuéxiào　　tāmen gōngsī

— 27 —

練習問題

一、中国語（漢字）に訳しなさい。

(1) あなたは日本人ですか？

(2) 私たちはみんな一年生です。

(3) 私は留学生ではありません。

(4) 彼はアメリカ人です。あなたは？

(5) 私は中国語学科の学生です。

二、声調を付けて漢字に直し、さらに日本語に訳しなさい。

(1) Wo bu shi yi nianji.

(2) Wo qu, ni ne?

(3) Yihou, qing duo bangzhu.

(4) Wo shi shehui xue xi de xuesheng.

三、次の（　）に疑問詞「哪、什么、呢、吗」を入れなさい。

(1) 你是(　　)个系的？

(2) 你叫(　　)名字？

(3) 我是日本人，你(　　)？

(4) 你是韩国人(　　)？

四、次の語句を使って、「是」文を作りなさい。

国际文化系　法律系　经济系　经营系　理工系　文学系　美国人　韩国人

第三课 我每天很忙
Wǒ měitiān hěn máng

A: Nǐ de zhuānyè shì shénme?
你的专业是什么？

B: Wǒ de zhuānyè shì shèhuì xué. Nǐ ne?
我的专业是社会学。你呢？

A: Wǒ de zhuānyè shì Zhōngguó wénxué.
我的专业是中国文学。

B: Nǐ měitiān máng ma?
你每天忙吗？

A: Hěn máng. Měitiān shàngwǔ、xiàwǔ dōu yǒu kè.
很忙。每天上午、下午都有课。

B: Wǒ yě měitiān dōu yǒu kè.
我也每天都有课。

A: Qǐng zhùyì shēntǐ.
请注意身体。

B: Xièxie.
谢谢。

新 出 単 語

专业	zhuānyè	社会学	shèhuì xué
中国文学	Zhōngguó wénxué	每天	měitiān
很	hěn	忙	máng
上午	shàngwǔ	下午	xiàwǔ
都	dōu	有	yǒu
课	kè	注意	zhùyì
身体	shēntǐ	谢谢	xièxie

要 点

①形容詞述語文

他很忙。
Tā hěn máng.

这个大，那个小。
Zhè ge dà, nà ge xiǎo.

今天不热。
Jīntiān bú rè.

②所有と存在を表す"有"

我有很多外国朋友。
Wǒ yǒu hěn duō wàiguó péngyou.

我没有手机。
Wǒ méiyǒu shǒujī.

中国有很多少数民族。
Zhōngguó yǒu hěn duō shǎoshù mínzú.

我家没有汽车。
Wǒ jiā méi yǒu qìchē.

③ "也" と "都"

　副詞 "也" "都" は修飾される語の前に置く。同時に用いる場合は "也" を先に置く。

　　我是学生，他也是学生。
　　Wǒ shì xuésheng, tā yě shì xuésheng.

　　他们都是学生。
　　Tāmen dōu shì xuésheng.

　　我们也都是学生。
　　Wǒmen yě dōu shì xuésheng.

練習問題

一、中国語（漢字）に訳しなさい。

(1) 彼女の専門は法律です。

(2) あなたは学生ですか？

(3) 私は今日忙しくありません。

(4) 私はパソコンを持っていません。

(5) 私達の学校にはたくさんの学生がいます。

二、声調を付けて漢字に直し、さらに日本語に訳しなさい。

(1) Ni de zhuanye shi shenme?

(2) Women dou hen mang.

(3) Ni qu ma?

(4) Wo meiyou pengyou

(5) Jintian re ma? Jintian bu re.

三、次の質問に中国語で答えなさい。

(1) 你的专业是什么？

(2) 今天你有课吗？

(3) 你每天忙吗？

(4) 你们学校有食堂吗？

(5) 你下午有课吗？

四、次の語句を使って、「有」を用いる文を作りなさい。

电脑、食堂、朋友、文学课、社会学课、手机、留学生、汽车

第四课 八点上课
Bā diǎn shàng kè

A：Jīntiān shì jǐ yuè jǐ hào?
今天 是 几 月 几 号？

B：Jīntiān shì wǔ yuè bā hào.
今天 是 五 月 八 号。

A：Nǐ měitiān jǐ diǎn shàng kè?
你 每天 几 点 上 课？

B：Bā diǎn shàng kè.
八 点 上 课。

A：Jīntiān yǒu jǐ jié kè?
今天 有 几 节 课？

B：Yǒu liù jié: shàngwǔ sì jié, xiàwǔ liǎng jié.
有 六 节：上午 四 节，下午 两 节。

A：Xiàwǔ shì shénme kè?
下午 是 什么 课？

B：Shèhuì fúlì.
社会 福利。

新出単語

今天	jīntiān	几	jǐ
月	yuè	号	hào
上课	shàngkè	点	diǎn
节	jié	社会福利	shèhuì fúlì
两	liǎng		

要点

①数の言い方

一	二	三	四	五	六	七	八	九	十
yī	èr	sān	sì	wǔ	liù	qī	bā	jiǔ	shí

十一	十二	十三……	二十一	二十二……	一百
shíyī	shí'èr	shísān……	èrshiyī	èrshí'èr……	yìbǎi

一千	一万	一亿
Yìqiān	yíwàn	yíyì

【注】ふたつという量を表すときは"两"を用い、二番目という順序を表すときは"二"を用いる。

②年と日付と時間

一九四九年	二〇〇〇年	二〇一〇年	二〇〇几年
yījiǔsìjiǔnián	èrlínglínglíngnián	èrlíngyīlíngnián	èrlínglíngjǐnián

一月	二月	三月……	十二月	几月
yīyuè	èryuè	sānyuè……	shí'èr yuè	jǐ yuè

一号	二号	三号……	三十一号	几号
Yīhào	èrhào	sānhào……	sānshiyīhào	jǐ hào

星期一	星期二……	星期六	星期天	星期几
xīngqīyī	xīngqī'èr……	xīngqīliù	xīngqītiān	xīngqījǐ

早上	上午	中午	下午	晚上
zǎoshang	shàngwǔ	zhōngwǔ	xiàwǔ	wǎnshang

時を表す文は"是"を省略することが出来る。

現在几点?
Xiànzài jǐ diǎn?

两点一刻。
Liǎngdiǎn yíkè.

今天几月几号?
Jīntiān jǐ yuè jǐ hào?

五月十四号。
Wǔ yuè shísì hào.

明天星期几?
Míngtiān xīngqī jǐ?

明天星期三。
Míngtiān xīngqī sān.

時点を表す語は述語の前に置く。

我明年去中国留学。
Wǒ míngnián qù Zhōngguó liúxué.

早上六点我起床。
Zǎoshang liù diǎn wǒ qǐchuáng.

③ "几"と"多少"

数をたずねる疑問文を作るが、"几"は10以内を予想する場合に使われ、"多少"にはその制限がない。

你有几个孩子？
Nǐ yǒu jǐ ge háizi?

你们大学有几个系？
Nǐmen dàxué yǒu jǐ ge xì?

你们大学有多少留学生？
Nǐmen dàxué yǒu duōshao liúxuéshēng?

一个月的工资是多少？
Yí ge yuè de gōngzī shì duōshao?

練習問題

一、中国語（漢字）に訳しなさい。

(1) 水曜日は何月何日ですか？

(2) 私は来年中国に留学に行きます。

(3) 明日は何コマ授業がありますか？

(4) 今何時ですか？

(5) 私は明日九時に授業に出ます。

二、声調を付けて漢字に直し、さらに日本語に訳しなさい。

(1) Wo jintian you si jie ke, ni ne?

(2) Jintian bu shi wu yue shiqi hao.

(3) Xianzai ba dian.

(4) Jintian meiyou ke.

(5) Wo meitian dou you ke.

三、次の質問に中国語で答えなさい。

(1) 你是美国人吗？

(2) 今天是几月几号？星期几？

(3) 你几点上课？今天有几节课？

(4) 你喝咖啡吗？

(5) 你们大学有几个食堂？

四、次の（　）に目的語「课、学生、钱、文学课（など）、法律（など）」を入れなさい。

(1) 我是(　　　)。

(2) 我有(　　　)。

(3) 我今天有(　　　)。

(4) 我的专业是(　　　)。

(5) 上午有(　　　)。

第五课 你家在哪儿
Nǐ jiā zài nǎr

A: Nǐ jiā zài nǎr?
你家在哪儿？

B: Wǒ jiā zài Běijīng shì Dōngchéng qū.
我家在北京市东城区。

A: Nǐ jiā lí xuéxiào yuǎn buyuǎn?
你家离学校远不远？

B: Hěn yuǎn.
很远。

A: Nǐ zěnme lái xuéxiào?
你怎么来学校？

B: Wǒ zuò diànchē lái xuéxiào.
我坐电车来学校。

A: Nǐ hěn xīnkǔ a.
你很辛苦啊。

B: Méi guānxi.
没关系。

新出単語

家	jiā		在	zài
哪儿	nǎr		北京市	Běijīngshì
东城区	Dōngchéngqū		离	lí
学校	xuéxiào		远	yuǎn
不	bù		怎么	zěnme
来	lái		坐	zuò
电车	diànchē		辛苦	xīnkǔ
啊	a		没关系	méi guānxi

要点

①所在を表す"在"（～にある、～にいる）

厕所在哪儿？
Cèsuǒ zài nǎr?

我明天不在家。
Wǒ míngtiān bú zài jiā.

②距離の隔たりを表す"离"

你家离大学近吗？
Nǐ jiā lí dàxué jìn ma?

我家离车站不太远。
Wǒ jiā lí chēzhàn bútài yuǎn.

③反復疑問文（「肯定＋否定」で疑問文を作ることができる）

最近忙不忙？
Zuìjìn máng bu máng?

你现在有没有空儿？
Nǐ xiànzài yǒu méiyou kòngr?

④連動文

  我去看电影。
  Wǒ qù kàn diànyǐng.

  我去超市买东西。
  Wǒ qù chāoshì mǎi dōngxi.

  他用中文写信。
  Tā yòng Zhōngwén xiě xìn.

  我每天骑自行车上学。
  Wǒ měitiān qí zìxíngchē shàngxué.

練習問題

一、中国語（漢字）に訳しなさい。

(1) 私の学校は北京にはありません。

(2) 私は学校に行って授業を受けます。

(3) 彼の家は学校からあまり遠くない。

(4) あなたはどうやって北京に行くのですか？

(5) 私はいま時間がありません。

二、声調を付けて漢字に直し、さらに日本語に訳しなさい。

(1) Wo qu chaoshi mai dongxi.

(2) Xuexiao de shitang zai nar?

(3) Wo qi zixingche lai xuexiao.

(4) Ni jin tian mang bu mang?

(5) Wo mingtian bu zai jia.

三、次の（　）に語句を入れなさい。

1、疑問詞「吗、哪儿、呢、远不远、怎么」を入れなさい。

(1) 银行在(　　)?

(2) 学校离车站(　　)?

(3) 你(　　)去学校?

(4) 你家在大阪(　　)?

(5) 我明天在家，你(　　)?

2、動詞「在」か「有」を入れなさい。

(1) 你们学校(　　)食堂吗?

(2) 田中今天(　　)家。

(3) 我们都(　　)电脑。

(4) 学生(　　)教室。

(5) 妈妈(　　)手机，我也(　　)手机。

四、次の文を反復疑問文に書き直しなさい。

(1) 车站离银行远。

(2) 他星期六看电影。

(3) 现在是九点半。

(4) 你朋友家有电脑。

(5) 田中喝咖啡。

第六课 我家有五口人
Wǒ jiā yǒu wǔ kǒu rén

A：Zhè shì shéi de zhàopiàn?
　　这是谁的照片？

B：Shì wǒ jiā de zhàopiàn.
　　是我家的照片。

A：Nǐ jiā yǒu jǐ kǒu rén? Dōu yǒu shéi?
　　你家有几口人？都有谁？

B：Wǒ jiā yígòng yǒu wǔ kǒu rén. Nǐ kàn, zhè shì wǒ bàba、māma, hòubiān zhànzhe de shì gēge、jiějie hé wǒ.
　　我家一共有五口人。你看，这是我爸爸、妈妈，后边站着的是哥哥、姐姐和我。

A：Nǐ bàba zuò shénme gōngzuò?
　　你爸爸做什么工作？

B：Wǒ bàba zài shìzhèngfǔ gōngzuò.
　　我爸爸在市政府工作。

A：Nǐ bàba gōngzuò máng ma?
　　你爸爸工作忙吗？

B：Tā hěn máng.
　　他很忙。

新出単語

这	zhè/zhèi	谁	shuí/shéi
照片	zhàopiàn	口	kǒu
人	rén	一共	yígòng
你看	nǐkàn	爸爸	bàba
妈妈	māma	后边	hòubiān
站着	zhànzhe	哥哥	gēge
姐姐	jiějie	和	hé
做	zuò	工作	gōngzuò
在	zài	市政府	shìzhèngfǔ

要点

①指示代名詞

	これ	それ	あれ	どれ
事物	这 zhè / 这个 zhège	那 nà / 那个 nàge		哪 nǎ / 哪个 nǎge
場所	这里 zhèli	那里 nàli		哪里 nǎli
	这儿 zhèr	那儿 nàr		哪儿 nǎr

口頭語では　　zhè→zhèi

　　　　　　　nà→nèi

　　　　　　　nǎ→něi

【注】"是"の前では"这"、目的語に用いる場合は"这个"（助数詞が必要）

这是什么？
Zhè shì shénme?

我买这个。
Wǒ mǎi zhèige.

②方位詞

	上 shàng	下 xià	前 qián	后 hòu	里 lǐ	外 wài	左 zuǒ	右 yòu	东 dōng	南 nán	西 xī	北 běi	对 duì	旁 páng
～边	+	+	+	+	+	+	+	+	+	+	+	+	－	+
～面	+	+	+	+	+	+	+	+	+	+	+	+	+	－

银行在前面。
Yínháng zài qiánmian.

教室里没有人。
Jiàoshì li méiyou rén.

大学的旁边有一个公园。
Dàxué de pángbiān yǒu yí ge gōngyuán.

③親族の言い方

| 爷爷 yéye | 奶奶 nǎinai | 老爷 lǎoye | 姥姥 lǎolao | 爸爸 bàba | 妈妈 māma | 哥哥 gēge | 姐姐 jiějie | 弟弟 dìdi | 妹妹 mèimei |

| 儿子 érzi | 女儿 nǚ'ér | 爱人 àiren |

④持続を表す"着"

他写着信呢。
Tā xiězhe xìn ne.

窗户开着呢。
Chuānghu kāizhe ne.

⑤前置詞"在"

"在"＋場所＋動詞　　～で（～する）

我在大学学习汉语。
Wǒ zài dàxué xuéxí Hànyǔ.

你爸爸在哪儿工作？
Nǐ bàba zài nǎr gōngzuò?

我不在家吃饭。
Wǒ bú zài jiā chī fàn.

新 出 単 語

学	xué	朋友	péngyou
年	nián	了	le
觉得	juéde	汉语	Hànyǔ
有意思	yǒuyìsi	怎么样	zěnmeyàng
发音	fāyīn	但是	dànshì
难	nán	太～了	tài～le
得	de	说	shuō
过奖了	guòjiǎngle	不错	búcuò
不行	bùxíng	还	hái

要 点

①完了、実現と変化の"了"

　　我看了今天的报。
　　Wǒ kàn le jīntiān de bào.

　　我买了一本词典。
　　Wǒ mǎi le yì běn cídiǎn.

　　中国有了很大的变化。
　　Zhōngguó yǒu le hěn dà de biànhuà.

文末の"了"は変化や新しい事態の発生を表す。

　　我肚子饿了。
　　Wǒ dùzi è le.

　　她胖了。
　　Tā pàng le.

②動作の時間を表す語

動作が行われる時間の長さを表す語は動詞の後に置く。

　　我每天睡八个小时。
　　Wǒ měitiān shuì bā ge xiǎoshí.

　　我们学习了六年英语。
　　Wǒmen xuéxí le liù nián Yīngyǔ.

③様態補語

  他说汉语说得很好。
  Tā shuō Hànyǔ shuō de hěn hǎo.

  他日语说得不流利。
  Tā Rìyǔ shuōde bù liúlì.

  歌你唱得怎么样？
  Gē nǐ chàng de zěnmeyàng?

  昨天你睡得好不好？
  Zuótiān nǐ shuì de hǎo buhǎo?

練習問題

一、中国語（漢字）に訳しなさい。

(1) 私は仕事をして二年になります。

(2) 彼は歌を歌うのがうまい。

(3) 私は半年中国語を学んだが、まだ上手ではない。

(4) 私は毎日一時間テレビを見る。

(5) 田中さんは中国語を話すのが本当に上手です。

二、声調を付けて漢字に直し、さらに日本語に訳しなさい。

(1) Wo zai daxue xue Hanyu.

(2) Ni juede Hanyu nan ma?

(3) Wo mai le yi ben cidian.

(4) Hanyu hen youyisi.

(5) Ni you Meiguo pengyou ma?

三、日本語に合うように、次の文の（　　）の中に「了」を入れなさい。

(1) 我爸爸工作(A)25年(B)。　　　　私のお父さんは仕事をして25年になる。

(2) 田中唱(A)一个汉语歌(B)。　　　田中さんは一つの中国語の歌を歌いました。

(3) 他吃(A)饭(B)。　　　　　　　　彼はご飯を食べました。

(4) 我看(A)一个电影(B)。　　　　　私は映画を一つみました。

(5) 我写(A)信(B)。　　　　　　　　私は手紙を書きました。

四、次の語句で様態補語を用いる文を作りなさい。

(1) 姐姐　　游泳　　不太好

(2) 哥哥　　唱歌　　不好

(3) 弟弟　　照相　　很好

(4) 田中　　拉二胡　很好

(5) 我　　　写信　　不好

第八课 去 故宫 吧
Qù Gùgōng ba

A：今天 咱们 去 玩儿玩儿 吧。
Jīntiān zánmen qù wánrwanr ba.

B：好 啊，我们 一起 去 故宫 吧。
Hǎo a, wǒmen yìqǐ qù Gùgōng ba.

A：太 好 了，我 还 没 去 过 故宫 呢，远 不远？
Tài hǎo le, wǒ hái méi qù guo Gùgōng ne, yuǎn buyuǎn?

B：不太 远。
Bútài yuǎn.

A：坐 地铁 去 吗？
Zuò dìtiě qù ma?

B：不 坐 地铁，坐 汽车 去。
Bú zuò dìtiě, zuò qìchē qù.

A：要 多长 时间？
Yào duōcháng shíjiān?

B：大约 半 个 小时。
Dàyuē bàn ge xiǎoshí.

— 52 —

新出単語

咱们	zánmen	去	qù
玩儿	wánr	吧	ba
好啊	hǎo a	一起	yìqǐ
故宫	Gùgōng	没	méi
过	guo	地铁	dìtiě
要	yào	多长	duōcháng
时间	shíjiān	半个	bànge
小时	xiǎoshí		

要点

①動詞の重ね型

動詞を重ねて用い「ちょっと〜する」「試みに〜する」を表す。

在这儿休息休息吧。
Zài zhèr xiūxi xiūxi ba.

你等一等。
Nǐ děng yi děng.

②"吧"の用法

【推測】 她是外国人吧？
Tā shì wàiguórén ba?

日本的物价很贵吧？
Rìběn de wùjià hěn guì ba?

【勧誘】 我们快走吧。
Wǒmen kuài zǒu ba.

我们一起去听音乐会吧。
Wǒmen yìqǐ qù tīng yīnyuèhuì ba.

【軽い命令】 给我吧！
Gěi wǒ ba.

时候儿不早了，快点儿走吧!
Shíhòur bù zǎo le, kuài diǎnr zǒu ba!

③過去の経験を表す"过"

否定は"没(有)"＋動詞＋"过"

我去过上海。
Wǒ qù guo Shànghǎi.

我看过这本小说。
Wǒ kàn guo zhè běn xiǎoshuō.

我没看过京剧。
Wǒ méi kàn guo Jīngjù.

④"多"＋形容詞

どれくらい～

你今年多大？
Nǐ jīnnián duō dà?

你家离车站有多远？
Nǐjiā lí chēzhàn yǒu duō yuǎn?

长城有多长？
Chángchéng yǒu duō cháng?

練習問題

一、中国語（漢字）に訳しなさい。

(1) 地下鉄で行きましょう。

(2) ここでちょっと休みましょう。

(3) 私は上海に行ったことがあります。

(4) 一緒に京劇を見に行きましょう。

(5) あなたの家から市役所までどれぐらいの距離がありますか？

二、声調を付けて漢字に直し、さらに日本語に訳しなさい。

(1) Zanmen qu Shanghai wanrwanr ba.

(2) Wo hai mei kanguo Jingju ne.

(3) Zuo qiche yao duochang shijian?

(4) Ni zuo ba!

(5) Wo kan guo Zhongguo dianying.

三、日本語の意味に合わせて、次の語句を並べ替えなさい。

(1) 一起　我们　吧　上海　去　旅行。　　一緒に上海へ旅行に行きましょう。

(2) 田中　电脑　那个　是　吧　的？　　あのパソコンは田中さんのでしょう？

(3) 学习　也　吧　你　汉语。　　あなたも中国語を勉強してください。

(4) 在　我　过　听　北京　音乐会。　　私は北京でコンサートを聞いたことがあります。

(5) 时间　了　学　多长　你　英语　了。　　あなたは英語をどれぐらい勉強していますか？

四、次の文を経験を表す助動詞「过」を持つ文に書き直しなさい。

(1) 我学汉语。

(2) 爸爸看中国电影。

(3) 他上大学。

(4) 田中去北京市东城区。

(5) 他写中文信。

第九课 买东西 (Mǎi dōngxi)

A: Míngtiān shì xīngqī liù, nǐ dǎsuan gàn shénme?
明天 是 星期 六，你 打算 干 什么？

B: Wǒ xiǎng xiān qù túshūguǎn jiè shū, ránhòu qù mǎi dōngxi.
我 想 先 去 图书馆 借 书，然后 去 买 东西。

A: Nǐ xiǎng mǎi shénme?
你 想 买 什么？

B: Xiǎng mǎi jǐ zhāng CD.
想 买 几 张 CD。

A: Qù nǎr mǎi?
去 哪儿 买？

B: Qù Túshūdàshà.
去 图书大厦。

A: Wǒ zhènghǎo yě xiǎng qù Túshūdàshà.
我 正好 也 想 去 图书大厦。

B: Nà wǒmen yìqǐ qù ba.
那 我们 一起 去 吧。

新出単語

明天	míngtiān	星期六	xīngqī liù
打算	dǎsuan	想	xiǎng
干	gàn	先	xiān
图书馆	túshūguǎn	借书	jiè shū
然后	ránhòu	买	mǎi
东西	dōngxi	张	zhāng
图书大厦	Túshūdàshà	正好	zhènghǎo
那	nà		

要点

① "想""打算"

"想"は動詞の前に用いて「～したい」という願望を表す。

我想去中国留学。
Wǒ xiǎng qù Zhōngguó liúxué.

我不想吃饭。
Wǒ bù xiǎng chī fàn.

"打算"は「～するつもり」という予定を表す。

暑假你打算去哪儿？
Shǔjià nǐ dǎsuan qù nǎr?

你打算考哪个大学？
Nǐ dǎsuan kǎo něi ge dàxué?

② "先～然后～"

「まず～してそれから～する」

我先做作业，然后看电视。
Wǒ xiān zuò zuòyè, ránhòu kàn diànshì.

我先去银行，然后去买东西。
Wǒ xiān qù yínháng, ránhòu qù mǎi dōngxi.

③疑問詞の不定用法

你想吃点儿什么吗？（不定）
Nǐ xiǎng chī diǎnr shénme ma?

【比較】你想吃点儿什么？（疑問）
Nǐ xiǎng chī diǎnr shénme?

我在书店买了几本书。（不定）
Wǒ zài shūdiàn mǎile jǐběn shū.

【比較】你有几本词典？（疑問）
Nǐ yǒu jǐ běn cídiǎn?

④量詞

一个人	两张纸	三把椅子	四本书	五条路
yíge rén	liǎng zhāng zhǐ	sān bǎ yǐzi	sì běn shū	wǔ tiáo lù
六件衣服	七辆汽车	八只猫	九枝铅笔	十双筷子
liù jiàn yīfu	qī liàng qìchē	bā zhī māo	jiǔ zhī qiānbǐ	shí shuāng kuàizi

練習問題

一、中国語（漢字）に訳しなさい。

(1) 私は中国に行きたい。

(2) 私は地下鉄で学校に行くつもりです。

(3) コーヒーを飲んでから寝ます。

(4) 図書大廈に行ってCDを2枚買いたいです。

(5) 夏休みどこに行くつもりですか？

二、声調を付けて漢字に直し、さらに日本語に訳しなさい。

(1) Ni xiang kan shenme dianying?

(2) Wo xiang qu tushuguan kan shu.

(3) Wo dasuan mai yi ge diannao.

(4) Wo xiang xian qu daxue, ranhou qu ni jia.

(5) Wo xian xie zuoye, ranhou qu kan dianying.

三、日本語の意味に合わせて、次の語句を並べ替えなさい。

(1) 暑假　今年　打算　你　去　旅行　哪儿？
今年の夏休みにどこへ旅行に行くつもりですか？

(2) 想　田中　中国　去　留学。
田中さんは中国に留学に行きたがっています。

(3) 先　打算　我　北京　去，去　然后　看看　南京。
私はまず北京へ行って、それから南京へ行ってみるつもりです。

(4) 都　我们　看　想　电影　去，吗　你　去　也？
私達はみんな映画を見に行きたいですが、あなたも行きますか。

(5) 在　我　图书大厦　买　几本　了　新　小说，有意思　很　都。
私は図書大廈で新しい小説を何冊か買いました、みんな面白いです。

四、名詞と助数詞を組み合わせなさい。

书、DVD、衣服、学生、姐姐、哥哥、照片、课、食堂、银行

本、张、件、个、节

第十课 喜欢 二胡 (Xǐhuan èrhú)

A： Nǐ huì lā èrhú ma?
你 会 拉 二胡 吗？

B： Bú huì, nǐ xǐhuan èrhú ma?
不 会，你 喜欢 二胡 吗？

A： Hěn xǐhuan. Wǒ děi xuéxue.
很 喜欢。我 得 学学。

B： Wǒ yǒu yíge péngyou lā de hěn hǎo.
我 有 一个 朋友 拉 得 很 好。

A： Wǒ néng rènshi tā ma?
我 能 认识 他 吗？

B： Méi wèntí. Yǒu jīhuì, wǒ kěyǐ gěi nǐ jièshaojièshao.
没 问题。有 机会，我 可以 给 你 介绍介绍。

A： Xièxie, shénme shíhou?
谢谢，什么 时候？

B： Míngtiān wǒmen zài Túshūdàshà jiàn miàn, nǐ yě lái ba.
明天 我们 在 图书大厦 见 面，你 也 来 吧。

新出単語

会	huì	拉	lā
二胡	èrhú	喜欢	xǐhuan
得	děi	学	xué
能	néng	认识	rènshi
他	tā	没问题	méi wèntí
机会	jīhuì	可以	kěyǐ
给	gěi	介绍	jièshào
什么时候	shénme shíhou	见面	jiàn miàn

要点

①能願助動詞 "会、能、可以"

習得を表す "会"

（練習の結果）できる。

他会游泳。
Tā huì yóuyǒng.

你会开车吗？
Nǐ huì kāi chē ma?

我不会唱中国歌。
Wǒ bú huì chàng Zhōngguó gē.

可能の表現 "能"

（能力があって）できる。（周囲の事情が許して）できる。

他能游一百米。
Tā néng yóu yìbǎi mǐ.

他能看英文报。
Tā néng kàn Yīngwén bào.

教室里不能抽烟。
Jiàoshì li bù néng chōu yān.

我有事，不能来。
Wǒ yǒu shì, bù néng lái.

許可を表す"可以"

（周囲の事情が許して）できる。（許可を表す）〜してもよい。

  这儿可以照相。
  Zhèr kěyǐ zhàoxiàng.

  我可以试试吗？
  Wǒ kěyǐ shìshi ma?

②動作の対象を導く"给"

  晚上我给你打电话。
  Wǎnshang wǒ gěi nǐ dǎ diànhuà.

  爸爸给我买了一台电脑。
  Bàba gěi wǒ mǎi le yì tái diànnǎo.

③助動詞"得"

「助動詞」〜しなければならぬ。

  你得好好儿学习汉语。
  Nǐ děi hǎohāor xuéxí Hànyǔ.

  我也得去吗？
  Wǒ yě děi qù ma?

  我晚上有事，得早点儿回家。
  Wǒ wǎnshang yǒu shì, děi zǎo diǎnr huí jiā.

練習問題

一、中国語（漢字）に訳しなさい。

(1) 私は中国の歌を歌えます。

(2) 私は時間があるので旅行に行くことが出来ます。

(3) 私はお母さんに電話をします。

(4) 彼女は中国語がすきです。

(5) 田中さんは中国語で手紙を書けます。

二、声調を付けて漢字に直し、さらに日本語に訳しなさい。

(1) Wo neng renshi ni jiejie ma?

(2) Wo xihuan xue Hanyu.

(3) Women keyi qu Beijing ma?

(4) Jintian wo dei zao dianr qu xuexiao.

(5) Wo bu hui chang Zhongguo ge, ni neng jiao wo ma?

三、次の（　）に助動詞「会、能、可以」を入れなさい。

(1) 我(　)说汉语，哥哥也(　)说汉语。

(2) 我喜欢看电影，今天有时间，(　)去看。

(3) 我肚子饿了，你(　)做饭吗？

(4) 这儿是教室，(　)抽烟。

(5) 他(　)用汉语打电话。

四、日本語に合うように、次の文の誤りを直しなさい。

(1) 你可以英语吗？　　　　　あなたは英语が出来ますか？

(2) 现在教室里不会唱歌。　　今、教室では歌を歌えません。

(3) 明天我有事，不可以去。　明日用事があるので、行けません。

(4) 王辉唱日语歌唱很好。　　王輝さんは日本語の歌を歌うのが上手です。

(5) 我能二胡，每天都拉。　　私は二胡を弾けます、毎日弾いています。

第十一课 自我介绍

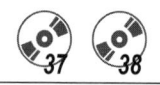

你们好：

我是日本人。叫田中一郎。田是田地的田，中是中国的中，一是一二的一，郎是牛郎的郎。我属虎的，今年二十二岁了。是北京大学一年级的学生。我正在学习汉语。虽然汉语很难，但是很有意思。我家在大阪。家里有爸爸、妈妈、哥哥、姐姐和我。我有很多中国朋友，在北京过得很愉快。我的爱好是看书、唱歌。我特别喜欢汉语歌曲。有机会，我们一起去唱卡拉OK吧。

谢谢大家。

新 出 単 語

田地	tiándì	牛郎	Niúláng
属虎的	shǔ hǔ de	今年	jīnnián
二十二岁	èrshi'èr suì	北京大学	Běijīngdàxué
学生	xuésheng	正在	zhèngzài
虽然〜但是〜	suīrán~dànshì~	大阪	Dàbǎn
过	guò	愉快	yúkuài
爱好	àihào	看书	kànshū
唱歌	chàng gē	特别	tèbié
歌曲	gēqǔ	卡拉 OK	kǎlāOK
大家	dàjiā		

要 点

①十二支の言い方

鼠　牛　虎　兔　龙　蛇　马　羊　猴　鸡　狗　猪
shǔ　niú　hǔ　tù　lóng　shé　mǎ　yáng　hóu　jī　gǒu　zhū

你属什么的？　　　我属牛的。
Nǐ shǔ shénme de?　　Wǒ shǔ niú de.

②動作の進行

動作の進行は"正""在""呢"で表す。

他在听音乐。
Tā zài tīng yīnyuè.

他听音乐呢。
Tā tīng yīnyuè ne.

他正在看电视呢。
Tā zhèng zài kàn diànshì ne.

他正打电话呢。
Tā zhèng dǎ diànhuà ne.

③ "虽然～但是～"

　～ではあるけれども

　　　虽然便宜，但是质量不好。
　　　Suīrán piányi, dànshì zhìliàng bù hǎo.

　　　我奶奶虽然九十岁了，但是身体很健康。
　　　Wǒ nǎinai suīrán jiǔshí suì le, dànshi shēntǐ hěn jiànkāng.

練習問題

一、次の文を中国語（漢字）に訳しなさい。

(1) 私は英語を学んでいます。

(2) 彼は歌を歌っています。

(3) お兄さんはご飯を食べています。

(4) 弟は北京に留学しています。

(5) 井上さんは家でテレビを見ています。

二、例に倣って、次の語句を使い、作文しなさい。

例：很贵　好吃　→　生鱼片虽然很贵，但是很好吃。

(1) 喜欢　很难

(2) 很忙　旅行

(3) 留学　没时间

(4) 有意思　太长了

(5) 漂亮　太贵了

三、以下の内容を盛り込んで、自己紹介文を作りなさい。

○名前、名字の説明

○年齢、干支

○所属

○出身

○家族

○趣味

○その他

四、問題三で作った文を暗誦しなさい。

第十二课 住饭店 Zhù fàndiàn

A: 我叫田中一郎，前几天预订了一个单人房间。
Wǒ jiào Tiánzhōng Yīláng, qiánjǐtiān yùdìng le yíge dānrén fángjiān.

B: 请稍等。您是什么时候预订的？
Qǐng shāo děng. Nín shì shénme shíhou yùdìng de?

A: 前天。
Qiántiān.

B: 把您的护照给我看看。
Bǎ nín de hùzhào gěi wǒ kànkan.

A: 这是我的护照。
Zhè shì wǒ de hùzhào.

B: 您的房间是608，给您钥匙。
Nín de fángjiān shì liù líng bā, gěi nín yàoshi.

A: 可以寄存皮包吗？
Kěyǐ jìcún píbāo ma?

B: 可以。
Kěyǐ.

A: 餐厅在什么地方？
Cāntīng zài shénme dìfang?

B: 在一楼电梯旁边儿。
Zài yīlóu diàntī pángbiānr.

新 出 単 語

住	zhù	给	gěi
前几天	qiánjǐtiān	钥匙	yàoshi
预订	yùdìng	寄存	jìcún
单人	dānrén	皮包	píbāo
房间	fángjiān	餐厅	cāntīng
稍等	shāoděng	楼	lóu
前天	qiántiān	电梯	diàntī
护照	hùzhào		

要 点

① 二重目的語

　一部の動詞は目的語をふたつとることができる。

　我给你一个礼物。
　Wǒ gěi nǐ yíge lǐwù.

　谁教你们汉语？
　Shéi jiāo nǐmen Hànyǔ?

　妈妈不给我零花钱。
　Māma bù gěi wǒ línghuāqián.

　我告诉你一个好消息。
　Wǒ gàosu nǐ yíge hǎo xiāoxi.

② "是～的"

　実現している動作の時間、場所、方法などを説明して、強調する。

　他是从上海来的。
　Tā shì cóng Shànghǎi lái de.

　他是昨天来的。
　Tā shì zuótiān lái de.

　你是在哪儿学的日语？
　Nǐ shì zài nǎr xué de Rìyǔ?

　我不是坐飞机来的。
　Wǒ bú shì zuò fēijī lái de.

③ "把"構文　　主語＋把「目的語」＋動詞＋付加成分

目的語に対する処置を強調するには、「把＋目的語」を動詞の前に用いる。

我把月票丢了。（×我把月票丢。）
Wǒ bǎ yuèpiào diū le.

请你把门关上。（×请你把门关。）
Qǐng nǐ bǎ mén guānshang.

我想今天把这本小说看完。（×我想今天把这本小说看。）
Wǒ xiǎng jīntiān bǎ zhèi běn xiǎoshuō kànwán.

【注】目的語は特定の物、動詞は後ろに付加成文があることが必要。

補　充　単　語

地方	dìfang	告诉	gàosu
消息	xiāoxi	出生	chūshēng
手表	shǒubiǎo	附近	fùjìn
打开	dǎkāi	水果	shuǐguǒ
晚饭	wǎnfàn	做完	zuòwán

練習問題

一、中国語（漢字）に訳しなさい。

(1) この腕時計をちょっと見せて下さい。

(2) 少々お待ちください。

(3) 鞄を預けられますか。

(4) 彼はどこから来たのですか。

(5) 貴方にプレゼントをあげます。

二、声調をつけて漢字に直し、さらに日本語に訳しなさい。

(1) Fujin you ditie ma?

(2) Nin de fangjian shi yao si wu jiu.

(3) Zhe shi wo de huzhao.

(4) Ta gei wo yi ben cidian.

(5) Canting zai shenme difang?

三、意味が通るように並べ替えなさい。

(1) 汉语　教　　王老师　我们

(2) 好消息　一个　他　告诉　我

(3) 零花钱　不　我　给　妈妈

(4) 的　在　出生　是　我　大阪

(5) 电车　他　的　坐　是　来

四、次の中国語を"把～"構文に直しなさい。

(1) 请你打开窗户。

(2) 我送给她水果了。

(3) 我做完了作业。

(4) 妈妈做好了晚饭。

(5) 我喝了两瓶啤酒。

第十三课 在商店
Zài shāngdiàn

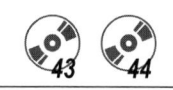

A： Qǐngwèn, zhèi shuāng xié duōshao qián?
请问，这双鞋多少钱？

B： Yuánjià èrbǎi sìshí kuài, xiànzài dǎ bāzhé.
原价二百四十块，现在打八折。

A： Rúguǒ néng zài piányi yìdiǎnr, wǒ jiù mǎi yìshuāng.
如果能再便宜一点儿，我就买一双。

B： Nà jiù yìbǎibāshí kuài. Nín xiān shìshi ba.
那就一百八十块。您先试试吧。

A： Zhèi shuāng yǒudiǎnr dà, yǒu méiyou xiǎo yìdiǎnr de?
这双有点儿大，有没有小一点儿的？

B： Nín kàn zhèi shuāng zěnmeyàng?
您看这双怎么样？

A： Zhèng héshì. Wǒ mǎi yì shuāng.
正合适。我买一双。

B： Zhè shì èrbǎi kuài, zhǎo nín èrshí kuài.
这是二百块，找您二十块。

A： Wǒ hái xiǎng mǎi yí jiàn máoyī.
我还想买一件毛衣。

B： Qǐng dào zhèibian lái.
请到这边来。

新 出 単 語

商店	shāngdiàn	如果	rúguǒ
问	wèn	再	zài
请问	qǐng wèn	便宜	piányi
双	shuāng	试	shì
鞋	xié	正	zhèng
多少钱	duōshaoqián	合适	héshì
原价	yuánjià	找	zhǎo
现在	xiànzài	毛衣	máoyī
打折	dǎzhé	到	dào

要 点

①お金の単位

話し言葉	块 kuài	毛 máo	分 fēn
書き言葉	元 yuán	角 jiǎo	分 fēn

两块八　　　　　两毛二　　　　　十二块七毛六(分)
liǎng kuài bā　　liǎng máo èr　　shí'èr kuài qī máo liù(fēn)

②"有点儿"と"一点儿"

どちらも「すこし〜」の意味だが、"有点儿"は話し手にとって不本意な場合に使われる。

我的表有点儿快。
Wǒ de biǎo yǒu diǎnr kuài.

我今天有点儿不舒服。
wǒ jīntiān yǒu diǎnr bù shūfu.

这是我的一点儿心意。
Zhè shì wǒ de yìdiǎnr xīnyì.

③ "如果～就"

  もしも～ならば（仮定を表す）。

   如果下雨，我们就不去。
   Rúguǒ xià yǔ, wǒmen jiù bú qù.

   如果你想去，就跟我一起去吧。
   Rúguǒ nǐ xiǎng qù, jiù gēn wǒ yìqǐ qù ba.

補 充 単 語

冷	lěng	照相机	zhàoxiàngjī
大衣	dàyī	水	shuǐ

練習問題

一、中国語（漢字）に訳しなさい。

(1) すみませんが、このカメラはいくらですか。

(2) 今日はちょっと寒いですね。

(3) ちょうどぴったりです。

(4) もう少し安くしてくれたら、一足買います。

(5) 今何割引ですか。

二、声調をつけて漢字に直し、さらに日本語に訳しなさい。

(1) Yi bai qi shi si kuai qian.

(2) Nin xian kankan ba.

(3) Qing zai pianyi yidianr ba.

(4) Ruguo mingtian xiayu, women jiu houtian qu.

(5) Nin kan zhei shuang zenmeyang?

三、次の中国語を日本語に訳しなさい。

(1) 我有点儿饿。

(2) 这件大衣有点儿长。

(3) 我想喝一点儿水。

(4) 如果有时间，来我家玩儿吧。

(5) 如果你会拉二胡，就教教我吧。

四、次の金額の言い方を練習しなさい。

24.5 元　　0.84 元　　126.54 元　　3.01 元

第十四课 在饭店吃饭 Zài fàndiàn chīfàn

B：田中，你喜欢吃什么菜？
Tiánzhōng, nǐ xǐhuan chī shénme cài?

A：什么都行。
Shénme dōu xíng.

服务员：现在可以点菜吗？
Xiànzài kěyi diǎn cài ma?

B：要一个麻婆豆腐和一个青椒肉丝。
Yào yíge mápódòufu hé yíge qīngjiāoròusī.

服务员：主食呢？要饺子还是要炒饭？
Zhǔshí ne? yào jiǎozi háishi yào chǎofàn?

A：咱们吃饺子吧。
Zánmen chī jiǎozi ba.

服务员：要饮料吗？
Yào yǐnliào ma?

B：要两瓶啤酒和一壶花茶。
Yào liǎng píng píjiǔ hé yì hú huāchá.

A：饺子真好吃。
Jiǎozi zhēn hǎochī.

B：服务员，我结帐。
Fúwùyuán, wǒ jié zhàng.

服务员：谢谢，欢迎你们再来。
Xièxie, huānyíng nǐmen zài lái.

新 出 単 語

菜	cài		炒饭	chǎofàn
点菜	diǎn cài		饮料	yǐnliào
要	yào		瓶	píng
麻婆豆腐	mápódòufu		啤酒	píjiǔ
青椒肉丝	qīngjiāoròusī		壶	hú
主食	zhǔshí		花茶	huāchá
饺子	jiǎozi		好吃	hǎochī
还是	háishi		服务员	fúwùyuán
结帐	jiézhàng			

要 点

① 疑問詞＋"都""也"

哪天都可以。
Něi tiān dōu kěyǐ.

昨天我哪儿也没去。
Zuótiān wǒ nǎr yě méi qù.

② 選択疑問文

你喝咖啡，还是喝红茶？
Nǐ hē kāfēi, háishi hē hóngchá?

你去还是我去？
Nǐ qù háishi wǒ qù?

他是北方人，还是南方人？
Tā shì běifāngrén, háishi nánfāngrén?

補 充 単 語

绍兴酒	Shàoxīngjiǔ		辣	là
烧卖	shāomài			

練習問題

一、中国語（漢字）に訳しなさい。

(1) 私は餃子を食べるのが好きです。

(2) またお越しください。

(3) 紹興酒を一本ください。

(4) われわれは注文しましょう。

(5) すみません、お勘定！

二、声調をつけて漢字に直し、さらに日本語に訳しなさい。

(1) Ni xiang chi Ribencai haishi Zhongguocai?.

(2) Yinliao ne?

(3) Wo jiezhang.

(4) Wo xihuan chi Zhongguo de shaomai.

(5) Shenme dou xing.

三、意味が通るように並べ替えなさい。

(1) 来　再　你们　欢迎

(2) 她　日本人　是　中国人　还是

(3) 英语　你　学习　还是　汉语　学习

(4) 喜欢　辣的　不　我　吃

(5) 想　哪儿　都　我　去

四、既に習った単語を使って、選択疑問文と「疑問詞＋"都"」についてそれぞれ文を三つ作りなさい。

第十五课 在 银行 兑换 人民币
Zài yínháng duìhuàn Rénmínbì

A： Wǒ xiǎng duìhuàn Rénmínbì.
我 想 兑换 人民币。

B： Qǐng tián yíxià zhèige dānzi.
请 填 一下 这个 单子。

A： Jīntiān de páijià shì duōshao?
今天 的 牌价 是 多少？

B： Yíwàn Rìyuán duìhuàn qībǎi kuài Rénmínbì.
一万 日元 兑换 七百 块 人民币。

A： Ò, bǐ zuótiān piányi yíkuài.
哦， 比 昨天 便宜 一块。

B： Nín néng kàndǒng zhèige dānzi ma?
您 能 看懂 这个 单子 吗？

A： Méi wèntí, néng kàndǒng.
没 问题， 能 看懂。

B： Hái yǒu bié de shìqing ma?
还 有 别 的 事情 吗？

A： Wǒ hái xiǎng kāi yíge zhànghù.
我 还 想 开 一个 帐户。

B： Tiánhǎo dānzi yǐhòu, dào liù hào chuāngkǒu bànlǐ.
填好 单子 以后， 到 六 号 窗口 办理。

新出単語

银行	yínháng	比	bǐ
兑换	duìhuàn	懂	dǒng
人民币	Rénmínbì	问题	wèntí
填	tián	别	bié
一下	yíxià	事情	shìqing
单子	dānzi	开	kāi
牌价	páijià	帐户	zhànghù
多少	duōshao	窗口	chuāngkǒu
日元	Rìyuán	办理	bànlǐ
哦	ò		

要点

①比較を表す"比"

否定は"没有"

今天比昨天冷。
Jīntiān bǐ zuótiān lěng.

姐姐比我大两岁。
Jiějie bǐ wǒ dà liǎng suì.

他的汉语比我好。
Tā de Hànyǔ bǐ wǒ hǎo.

这个没有那个贵。
Zhèige méi you nèige guì.

②結果補語

動詞の後に置き、動作の結果を表す。

找到了（探しあてた）　　　【否定】没找到
zhǎodào le　　　　　　　　　　　méi zhǎodào

看懂了（見てわかった）　　没看懂
kàndǒng le　　　　　　　　　　méi kàndǒng

写完了（書き終わった）　　没写完
xiěwán le　　　　　　　　　　　méi xiěwán

我的话你听懂了吗？
Wǒ de huà nǐ tīngdǒng le ma?

我准备好了。
Wǒ zhǔnbèi hǎo le.

今天的作业都做完了。
Jīntiān de zuòyè dōu zuòwán le.

我没找到车站。
Wǒ méi zhǎodào chēzhàn.

補充単語

大	dà	个子	gèzi
美元	Měiyuán	牛肉	niúròu
鸡肉	jīròu	高	gāo

練習問題

一、中国語（漢字）に訳しなさい。

(1) 今日の為替レートはいくらですか。

(2) 私の話を聞いて分かりましたか。

(3) 私はアメリカドルに両替したい。

(4) 牛肉は鶏肉より高い。

(5) 今日は昨日ほど暑くない。

二、声調をつけて漢字に直し、さらに日本語に訳しなさい。

(1) Wo tianhao danzi le.

(2) Zheige bi neige pianyi.

(3) Qingwen, zai nar duihuan Renminbi?

(4) Neng kandong, mei wenti.

(5) Qing dao zheibianr banli.

三、意味が通るように並べ替えなさい。

(1) 听懂　我　汉语　的　老师　了

(2) 我　车站　找到　没

(3) 姐姐　我　比　四岁　大

(4) 她　我　没有　个子高

(5) 比　日本　中国　物价　的　贵

四、次の応用会話を練習しなさい。

A：这本小说是在哪儿买的？

B：图书大厦。

A：看完了吗？

B：还没看完。

第十六课 在朋友家做客
Zài péngyou jiā zuò kè

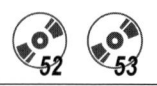

A：真不好意思，路上堵车，来晚了。
Zhēn bù hǎoyìsi, lùshang dǔchē, lái wǎn le.

B：没关系，请进，请进。
Méi guānxi, qǐng jìn, qǐng jìn.

A：这是从日本带来的礼物。
Zhè shì cóng Rìběn dàilai de lǐwù.

B：谢谢，您太客气了。
Xièxie, nín tài kèqi le.

A：你准备了这么多菜。
Nǐ zhǔnbèi le zhème duō cài.

B：这些都是家常菜，随便吃吧。
Zhèxiē dōu shì jiāchángcài, suíbiàn chī ba.

A：打搅你们这么长时间，我该回去了。
Dǎjiǎo nǐmen zhème cháng shíjiān, wǒ gāi huíqu le.

B：有时间再来玩儿。
Yǒu shíjiān zài lái wánr.

A：谢谢，再见。
Xièxie, zàijiàn.

B：再见，路上小心。
Zàijiàn, lùshang xiǎoxīn.

— 86 —

新出単語

做客	zuòkè		准备	zhǔnbèi
不好意思	bù hǎoyìsi		家常菜	jiāchángcài
路上	lùshang		随便	suíbiàn
堵车	dǔchē		打搅	dǎjiǎo
晚	wǎn		这么	zhème
关系	guānxi		长	cháng
进	jìn		时间	shíjiān
从	cóng		该～了	gāi～le
带	dài		回	huí
礼物	lǐwù		小心	xiǎoxīn
客气	kèqi			

要点

①方向補語

動詞の後に置き、動作の方向を表す。

你坐下吧。
Nǐ zuòxia ba.

他回家去了。
Tā huíjiā qu le.

她从图书馆借来了一本书。
Tā cóng túshūguǎn jiè lai le yì běn shū.

【複合方向補語】

	上 shàng	下 xià	进 jìn	出 chū	回 huí	过 guò	起 qǐ
来 lái	上来 shànglai	下来 xiàlai	进来 jìnlai	出来 chūlai	回来 huílai	过来 guòlai	起来 qǐlai
去 qù	上去 shàngqu	下去 xiàqu	进去 jìnqu	出去 chūqu	回去 huíqu	过去 guòqu	

他突然站起来了。
Tā tūrán zhàn qilai le.

【方向補語と目的語の位置】

目的語が場所の場合は間に入れる。

他走进教室来了。　　（×他走进来教室了。）
Tā zǒujìn jiàoshì lai le.　　（×Tā zǒu jìn lai jiàoshì le.）

②動詞句が名詞を修飾するとき

動詞あるいは動詞句が名詞を修飾する場合は"的"が必要。

从日本带来的礼物。（日本から持ってきたプレゼント）
Cóng Rìběn dàilai de lǐwù.

【比較】从日本带来礼物了。（日本からプレゼントを持ってきた）
Cóng Rìběn dàilai lǐwù le.

補　充　単　語

考试	kǎoshì	送	sòng
非常	fēicháng	对不起	duìbuqǐ

練習問題

一、中国語（漢字）に訳しなさい。

(1) どうぞお入りください。

(2) 道が込んでいたので遅れました。

(3) これは私の家から持ってきたパソコンです。

(4) 彼の買ったセーターは非常に綺麗です。

(5) 私はおいとましなくては。

二、声調をつけて漢字に直し、さらに日本語に訳しなさい。

(1) Nin tai keqi le.

(2) Duibuqi, wo lai wan le.

(3) Lushang xiaoxin.

(4) Wo xihuan chi jiachangcai.

(5) Ni suibian kan ba.

三、意味が通るように並べ替えなさい。

(1) 吧 下 你 坐

(2) 从 这 日本 是 礼物 带 的 来

(3) 时间 来 再 有 玩儿

(4) 了 教室 进 走 来 老师

(5) 时候 回 什么 她 来

四、次の応用会話を練習しなさい。

A：哎呀，已经十点了。我该回去了。

B：还早呢。再坐一会儿吧。

A：不行，我明天有考试。

B：是吗？那，我送你吧。

第十七课 在 医院
Zài yīyuàn

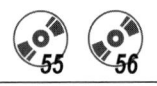

A： 您 哪儿 不 舒服？
　　Nín nǎr bù shūfu?

B： 我 嗓子 疼，还 有点儿 发烧。
　　Wǒ sǎngzi téng, hái yǒudiǎnr fāshāo.

A： 是 从 什么 时候 开始 的？
　　Shì cóng shénme shíhou kāishǐ de?

B： 昨天 晚上。
　　Zuótiān wǎnshang.

A： 让 我 看看 您 的 嗓子。哦，嗓子 发炎 了。
　　Ràng wǒ kànkan nín de sǎngzi. Ò, sǎngzi fāyán le.

B： 浑身 酸懒，没 劲儿。
　　Húnshēn suānlǎn, méi jìnr.

A： 来，量量 体温 吧。
　　Lái, liángliang tǐwēn ba.

B： 大夫，要 打针 吗？
　　Dàifu, yào dǎzhēn ma?

A： 不用 打针，别 担心，吃 点儿 药 就 行。
　　Búyòng dǎzhēn, bié dānxīn, chī diǎnr yào jiù xíng.

B： 谢谢。
　　Xièxie.

— 90 —

新 出 単 語

医院	yīyuàn		劲儿	jìnr
舒服	shūfu		量	liáng
嗓子	sǎngzi		体温	tǐwēn
疼	téng		大夫	dàifu
发烧	fāshāo		要	yào
开始	kāishǐ		打针	dǎzhēn
晚上	wǎnshang		不用	búyòng
让	ràng		别	bié
发炎	fāyán		担心	dānxīn
浑身	húnshēn		酸懒	suānlǎn
药	yào			

要 点

①主述述語文

北京冬天很冷。
Běijīng dōngtiān hěn lěng.

我们大学女生很多。
Wǒmen dàxué nǚshēng hěn duō.

你学习忙吗？
Nǐ xuéxí máng ma?

你父母身体都健康吗？
Nǐ fùmǔ shēntǐ dōu jiànkāng ma?

②使役文

使役は"让""叫"で表す。

妈妈叫他去买东西。
Māma jiào tā qù mǎi dōngxi.

老师让我读课文。
Lǎoshī ràng wǒ dú kèwén.

让你久等了。
Ràng nǐ jiǔ děng le.

我不让你走。
Wǒ bú ràng nǐ zǒu.

③助動詞 "要"

否定は "不用"

「～ねばならぬ」 　　　　　　　　　「～する必要はない」

今天我要上两节课。　　　　　　　明天我不用上课。
Jīntiān wǒ yào shàng liǎng jié kè.　　Míngtiān wǒ búyòng shàngkè.

我要写回信吗?　　　　　　　　　你不用写回信。
Wǒ yào xiě huí xìn ma?　　　　　Nǐ búyòng xiě huíxìn.

④禁止を表す "不要" "别"

不要大声说话!
Búyào dàshēng shuōhuà!

别开玩笑!
Bié kāi wánxiào!

你别生气!
Nǐ bié shēngqì!

别客气，请收下吧!
Bié kèqi, qǐng shōuxia ba!

補 充 単 語

闪光灯　　　shǎnguāngdēng　　　　　复习　　　fùxí

練習問題

一、中国語（漢字）に訳しなさい。

(1) 東京は車がとても多いです。

(2) しっかり復習しなければならない。

(3) 薬を飲めばなおるはずです。

(4) フラッシュで写真をとるな！

(5) 体温をはかってみましょう。

二、声調をつけて漢字に直し、さらに日本語に訳しなさい。

(1) Buyong dazhen.

(2) Shi cong xingqiyi kaishi de.

(3) Baba rang wo qu Zhongguo liuxue.

(4) Mama jiao wo mai cidian.

(5) Yao qu yiyuan ma?

三、既に習った単語を使って、使役文、主述述語文、禁止を表す「別」の文型をそれぞれ二つ作りなさい。

四、次の中国語を日本語に訳しなさい。

(1) 要坐地铁

(2) 不用坐地铁

(3) 不要坐地铁

第十八课 约定
Yuē dìng

A： Zánmen yíkuàir qù Tiānjīn lǚyóu, zěnmeyàng?
咱们 一块儿 去 天津 旅游，怎么样？

B： Hǎo a! Shénme shíhou qù?
好 啊！什么 时候 去？

A： Kuàiyào kāixué le, míngtiān jiù qù, hǎo ma?
快要 开学 了，明天 就 去，好 吗？

B： Hǎo, zài nǎr pèngtóur?
好，在 哪儿 碰头儿？

A： Zài xuéxiào ménkǒu, xíng ma?
在 学校 门口，行 吗？

B： Xíng, jǐdiǎn bǐjiào hǎo?
行，几点 比较 好？

A： Liùdiǎn hǎo buhǎo?
六点 好 不好？

B： Hǎo. Xiàwǔ liùdiǎn yǐqián huídelái ma?
好。下午 六点 以前 回得来 吗？

A： Bútài yuǎn, huídelái.
不太 远，回得来。

B： Hǎo. Míngtiān jiàn.
好。明天 见。

— 94 —

新 出 単 語

约定	yuēdìng	碰头儿	pèngtóur
一块儿	yíkuàir	门口	ménkǒu
天津	Tiānjīn	行	xíng
旅游	lǚyóu	比较	bǐjiào
快要～了	kuàiyào～le	以前	yǐqián
开学	kāixué	见	jiàn
就	jiù		

要 点

①近い未来を表す"快要～了""要～了""快～了""就要～了"

　　もうすぐ、まもなく。

　　　　他快二十岁了。
　　　　Tā kuài èrshi suì le.

　　　　火车快到站了。
　　　　Huǒchē kuài dào zhàn le.

　　　　要下雨了。
　　　　Yào xià yǔ le.

　　　　快要放寒假了。
　　　　Kuài yào fàng hánjià le.

②付加疑問文

　　　　明天去，怎么样？
　　　　Míngtiān qù, zěnmeyàng?

　　　　我们吃日本菜，行吗？
　　　　Wǒmen chī Rìběncài, xíng ma?

　　　　我看看这本书，好吗？
　　　　Wǒ kànkan zhèiběn shū, hǎo ma?

③可能補語

動詞と補語の間に"得"を入れると可能、"不"を入れると不可能を表す。

看得懂　　　　看不懂
kàndedǒng　　kànbudǒng

听得见　　　　听不见
tīngdejiàn　　tīngbujiàn

回得来　　　　回不来
huídelái　　　huíbulái

吃得了　　　　吃不了
chīdeliǎo　　chībuliǎo

上海话你听得懂吗？
Shànghǎihuà nǐ tīngdedǒng ma?

黑板上的字太小，我看不见。
Hēibǎnshang de zì tài xiǎo, wǒ kànbujiàn.

一个人吃不了这么多菜。
Yí ge rén chībuliǎo zhème duō cài。

補 充 単 語

发车	fāchē	就这样	jiùzhèyàng
毕业	bìyè	怎么了	zěnme le

練習問題

一、中国語（漢字）に訳しなさい。

(1) 一緒に CD を買いに行きませんか？

(2) 学校の門でいいですか？

(3) 彼はもうすぐ二十歳になる。

(4) 私達は中華料理を食べませんか。

(5) それでは、明日。

二、声調をつけて漢字に直し、さらに日本語に訳しなさい。

(1) Badianzhong hao buhao?

(2) Kuaiyao biye le.

(3) Liudian yiqian huibulai.

(4) Women mingtian jiu qu, haoma?

(5) Butai yuan.

三、意味が通るように並べ替えなさい。

(1) 在　图书馆　碰头儿　咱们　吗　行

(2) 时候　去　什么

(3) 吃不了　我　菜　这么　多

(4) 快要　他　毕业　了

(5) 看　我　不　英文　懂　小说

四、次の応用会話を練習しなさい。

(1) A：快点儿走吧!

　　B：怎么了？

　　A：电车快要发车了。

　　B：好。

(2) A：中午咱们一起吃饭吧。

　　B：好啊。几点，在哪儿碰头儿？

　　A：十二点四十，在食堂门口，好不好？

　　B：好，就这样。

第十九课 坐出租车 (Zuò chūzūchē)

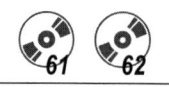

A: Wǒ qù Xīdān shāngchǎng.
我 去 西单 商场。

B: Hǎo, qǐng shàngchē.
好, 请 上车。

A: Zhèr shì shénme dìfang?
这儿 是 什么 地方?

B: Zhèr shì Tiān'ānmén guǎngchǎng.
这儿 是 天安门 广场。

A: Qǐng zài shāngchǎng ménkǒu tíng yíxiàr.
请 在 商场 门口 停 一下儿。

B: Bùxíng, zài nàr tíngchē huì bèi fákuǎn.
不行, 在 那儿 停车 会 被 罚款。

A: Shì ma? Nà zěnme bàn ne?
是 吗? 那 怎么 办 呢?

B: Zài wǎng qián yìdiǎnr, jiù xíng.
再 往 前 一点儿, 就 行。

A: Nà hǎo ba.
那 好 吧。

B: Èrshiyī kuài qián, zhè shì fāpiào, bié wàng le nín de dōngxi.
二十一 块 钱, 这 是 发票, 别 忘 了 您 的 东西。

新 出 単 語

出租车	chūzūchē	停车	tíng chē
西单	Xīdān	会	huì
商场	shāngchǎng	被	bèi
上车	shàngchē	罚款	fákuǎn
地方	dìfang	怎么办	zěnmebàn
天安门	Tiān'ānmén	往	wǎng
广场	guǎngchǎng	发票	fāpiào
停	tíng	忘	wàng

要 点

①受け身

受け身は"被""让""叫"で表す。

我被老师批评了。
Wǒ bèi lǎoshī pīpíng le.

我的小说被翻译成英文了。
Wǒ de xiǎoshuō bèi fānyì chéng Yīngwén le.

我的钱包让人偷了。　　　　【比較】我的钱包被偷了。
Wǒ de qiánbāo ràng rén tōu le.　　　　Wǒ de qiánbāo bèi tōu le.

"被"の後の動作主は省くことが出来るが、"让""叫"の後は省けない。

②可能性を表す"会"

今天会下雨吗？
Jīntiān huì xià yǔ ma?

我们一定会成功的。
Wǒmen yídìng huì chénggōng de.

他不会同意。
Tā bú huì tóngyì.

補　充　単　語

为什么	wèishénme	弄坏	nònghuài
小偷	xiǎotōu	警察	jǐngchá
抓住	zhuāzhù	犯人	fànren

練習問題

一、中国語（漢字）に訳しなさい。

(1) どうぞ乗ってください。

(2) それではどうしましょう？

(3) 天安門広場に着きました。

(4) どうぞ領収書をください。

(5) 明日は雨が降るはずがない。

二、声調をつけて漢字に直し、さらに日本語に訳しなさい。

(1) Wo qu Gugong.

(2) Zai wang qian yidianr, xing ma?.

(3) Bie wang le nin de huzhao.

(4) Ta yiding hui lai de.

(5) Zai nar chouyan hui bei fakuan.

三、次の文を受身文に直しなさい。

(1) 小偷偷走了妈妈的钱包。

(2) 田中弄坏了爸爸的电脑。

(3) 警察抓住了犯人。

(4) 王辉借走了田中的词典。

(5) 老师批评我了。

四、次の会話を練習しなさい。

A：别在这儿停车！

B：为什么？

A：在这儿停车会被罚款的。

B：是吗？那快点儿走吧。

第二十课 打电话 Dǎ diànhuà

A：喂，请问王辉在吗？
　　Wéi, qǐngwèn Wáng Huī zài ma?

B：谁？听不清楚，您再说一遍。
　　Shéi? Tīng bù qīngchu, nín zài shuō yíbiàn.

A：请找一下王辉。
　　Qǐng zhǎo yíxia Wáng Huī.

B：听说他出差了。
　　Tīngshuō tā chūchāi le.

A：请转告他给我打个电话，好吗？
　　Qǐng zhuǎngào tā gěi wǒ dǎ ge diànhuà, hǎo ma?

B：好的。您贵姓？
　　Hǎo de. Nín guìxìng?

A：我姓田中，叫田中一郎。
　　Wǒ xìng Tiánzhōng, jiào Tiánzhōng Yīláng.

B：您的电话号码是多少？
　　Nín de diànhuà hàomǎ shì duōshao?

A：(010) 2495 8637。
　　Língyāolíng èrsìjiǔwǔ bāliùsānqī.

B：知道了。
　　Zhīdao le.

— 104 —

新出単語

打	dǎ	听说	tīngshuō
电话	diànhuà	出差	chūchāi
喂	wéi	转告	zhuǎngào
找	zhǎo	给	gěi
听	tīng	号码	hàomǎ
清楚	qīngchu	知道	zhīdao
遍	biàn		

要点

①動量補語

動量（動作の量）補語は動詞の後に置く。

请再说一遍。
Qǐng zài shuō yíbiàn.

目的語がある場合は動詞の後、目的語の前に置く。

我看过一次香港电影。
Wǒ kàn guo yícì Xiānggǎng diànyǐng.

場所を表す目的語はどちらに置いても良い。

我去过一次中国。
Wǒ qùguo yícì Zhōngguó.

我去过中国一次。
Wǒ qùguo Zhōngguó yícì.

ただし、目的語が人称代名詞の場合は目的語の後に置く。

我见过她一次。
Wǒ jiànguo tā yícì.

②"听说"

「聞くところによれば～だそうだ」

听说他们结婚了。
Tīngshuō tāmen jiéhūn le.

听说他在东京出差呢。
Tīngshuō tā zài Dōngjīng chūchāi ne.

補　充　単　語

出院　　　　　chūyuàn

練習問題

一、中国語（漢字）に訳しなさい。

(1) はっきり聞こえません。

(2) 彼は退院したそうです。

(3) おたずねしますが、王輝さんはおられますか。

(4) もう一度言ってください。

(5)（あなたは）どなたをお探しですか？

二、声調をつけて漢字に直し、さらに日本語に訳しなさい。

(1) Qing wen, ta shenme shihou huilai?

(2) Wo dao Beijing yihou gei ni da dianhua.

(3) Ta de hua wo ting bu dong.

(4) Tingshuo ta kuaiyao jiehun le.

(5) Wo qu guo yici Zhongguo.

三、次の応用会話を練習しなさい。

A：你去过长城吗？

B：五年以前去过一次。

A：明天咱们再去一次吧。

B：不行，听说明天有雨。

四、次の動量補語を適当な場所に入れなさい（AまたはB、どちらでも可能の場合はCを選びなさい）。

(1) 我见过（A）他（B）。　　两次

(2) 我打算看（A）这本小说（B）。　　三遍

(3) 我爸爸去过（A）中国（B）。　　四次

(4) 请再（A）听（B）。　　一遍

(5) 请再读（A）课文（B）。　　一遍

第二十一课 在 邮局
Zài yóujú

A: Wǒ xiǎng wǎng Rìběn jì bāoguǒ.
我 想 往 日本 寄 包裹。

B: Lǐbianr yǒu shénme dōngxi?
里边儿 有 什么 东西？

A: Lǐbianr chúle shū hé yīfu hái yǒu cháyè.
里边儿 除了 书 和 衣服 还 有 茶叶。

B: Nín jì kōngyùn ma?
您 寄 空运 吗？

A: Yīnwèi bù zhāojí, suǒyǐ jì hǎiyùn jiù xíng.
因为 不 着急，所以 寄 海运 就 行。

B: Yào bǎoxiǎn ma?
要 保险 吗？

A: Búyào, duōshaoqián?
不要，多少钱？

B: Bāshisì kuài liù.
八十四 块 六。

A: Dàgài yào duōcháng shíjiān?
大概 要 多长 时间？

B: Yígè xīngqī zuǒyòu.
一个 星期 左右。

— 108 —

新　出　単　語

寄	jì	所以	suǒyǐ
包裹	bāoguǒ	海运	hǎiyùn
除了～还～	chúle～hái～	保险	bǎoxiǎn
茶叶	cháyè	大概	dàgài
空运	kōngyùn	星期	xīngqī
因为	yīnwèi	左右	zuǒyòu
着急	zhāojí		

要　点

①添加関係を表す"除了～还…"

「～を除いて…」

他除了英语以外，还学习汉语。
Tā chúle Yīngyǔ yǐwài, hái xuéxí Hànyǔ.

她除了弹钢琴以外，还会拉二胡。
Tā chúle tán gāngqín yǐwài, hái huì lā èrhú.

②"因为～所以…"

「～なので…」

因为妈妈不同意，所以我不能去打工。
Yīnwèi māma bù tóngyì, suǒyǐ wǒ bù néng qù dǎgōng.

因为价钱太贵，所以我没买。
Yīnwèi jiàqian tài guì, suǒyǐ wǒ méi mǎi.

因为工作忙，所以我已经一个星期没上网了。
Yīnwèi gōngzuò máng, suǒyǐ wǒ yǐjing yí ge xīngqī méi shàngwǎng le.

補　充　単　語

挂号信	guàhàoxìn	危险品	wēixiǎnpǐn
下雨	xiàyǔ	道路	dàolù
滑	huá	韩国	Hánguó
国际	guójì		

練習問題

一、中国語（漢字）に訳しなさい。

(1) だいたいどれぐらいの時間がかかりますか。

(2) 私は日本に書留郵便を送りたい。

(3) 中にどんな物がありますか。

(4) 急いでいますか。

(5) 危険物はありません。

二、声調をつけて漢字に直し、さらに日本語に訳しなさい。

(1) Libian shi shu he chaye.

(2) Yige xingqi zuoyou.

(3) Yinwei xiayu, suoyi daolu hen hua.

(4) Chule Zhongguo, wo hai quguo Hanguo.

(5) Ta chule hui shuo Yingyu, hai hui shuo Hanyu.

三、次の応用会話を練習しなさい。

A：我想往日本打国际电话。

B：请到这边儿来。

A：一分钟多少钱？

B：我不知道。你问问他们。

四、既に習った単語を使って、"因为～所以…""除了～还…"の文型をそれぞれ三つ作りなさい。

第二十二课 问路 (Wèn lù)

A：请问，去 前门饭店 怎么 走？
Qǐng wèn, qù Qiánménfàndiàn zěnme zǒu?

B：到 那儿 挺 远 的，走路 要 二十 多 分钟。
Dào nàr tǐng yuǎn de, zǒulù yào èrshí duō fēnzhōng.

A：没 关系，我 想 一边 走走，一边 看看。
Méi guānxi, wǒ xiǎng yìbiān zǒuzou, yìbiān kànkan.

B：从 这儿 往 前 走，到 第四 个 信号灯 那儿 往 右 拐。
Cóng zhèr wǎng qián zǒu, dào dìsì ge xìnhàodēng nàr wǎng yòu guǎi.

A：然后 呢？
Ránhòu ne?

B：大约 走 五百 多 米，有 一家 中国银行，对面 就是。
Dàyuē zǒu wǔbǎi duō mǐ, yǒu yìjiā Zhōngguóyínháng, duìmiàn jiùshì.

A：知道 了。哪儿 有 卖 地图 的？
Zhīdao le. Nǎr yǒu mài dìtú de?

B：前边儿 就 有。
Qiánbiānr jiù yǒu.

A：谢谢。
Xièxie.

B：不用 谢。
Búyòng xiè.

— 112 —

新 出 単 語

问路	wènlù	右	yòu
前门	Qiánmén	拐	guǎi
挺	tǐng	大约	dàyuē
一边	yìbiān	地图	dìtú
信号灯	xìnhàodēng		

要 点

① "一边～一边…"

他一边吃饭，一边看报纸。
Tā yìbiān chī fàn, yìbiān kàn bàozhǐ.

他一边听音乐，一边学习汉语。
Tā yìbiān tīng yīnyuè, yìbiān xuéxí Hànyǔ.

② 量詞の後に用いて端数を表す "多"

五十多岁	一个多月	一米多高	三十多个人
wǔshí duō suì	yí ge duō yuè	yìmǐ duō gāo	sānshí duō ge rén

③ 主語に動詞句がくる文

他办事很认真。
Tā bànshì hěn rènzhēn.

现在去不方便。
Xiànzài qù bù fāngbiàn.

補 充 単 語

动物园	dòngwùyuán	散步	sànbù
聊天	liáotiān	开车	kāichē
公用电话	gōngyòngdiànhuà		

練習問題

一、中国語（漢字）に訳しなさい。

　(1) 動物園にはどうやって行くのですか？

　(2) 私はコーヒーを飲みながらテレビを観ます。

　(3) 分かりました。ありがとう。

　(4) 自転車に乗って、一時間あまりかかります。

　(5) あそこで左に曲がって、すぐ着きます。

二、声調をつけて漢字に直し、さらに日本語に訳しなさい。

　(1) Wo yibian ting yinyue, yibian xuexi Hanyu.

　(2) Qing wen, nar you gongyongdianhua?

　(3) Qianbianr meiyou youju.

　(4) Ranhou ne?

　(5) Buyong xie.

三、次の中国語を日本語に訳しなさい。

　(1) 教室里有三十多个学生。

　(2) 我去他家很方便。

　(3) 从你家到学校要多长时间？

　(4) 学外语很有意思。

　(5) 请问，附近有银行吗？

四、既に習った単語を使って、"一边～一边～"の文型を三つ作りなさい。

語 彙 索 引

A

啊	a	あぁ（5）
爱好	àihào	趣味（11）
爱人	àiren	夫または妻（6）

B

把	bǎ	～を。（助数詞）脚（9）（12）
吧	ba	～しましょう（8）
爸爸	bàba	お父さん、パパ、父（6）（10）
百	bǎi	百（10）
半个	bànge	半分（8）
办理	bànlǐ	手続きをする（15）
办事	bànshì	仕事をする（22）
帮助	bāngzhù	助ける、援助する（2）
报	bào	新聞（7）（10）
包裹	bāoguǒ	小包（21）
保险	bǎoxiǎn	保険（21）
报纸	bàozhǐ	新聞、新聞紙（22）
北	běi	北（6）
被	bèi	～られる、～される（受身）（19）
北方人	běifāngrén	北方出身の人（14）
北京	Běijīng	北京（11）（17）
北京大学	BěijīngDàxué	北京大学（11）
北京市	Běijīngshì	北京市（5）
本	běn	（助数詞）冊（9）（12）
比	bǐ	～より、比べて（15）
比较	bǐjiào	比較的に、割合に（18）
毕业	bìyè	卒業する（18）
～边	biān	～の方（6）
遍	biàn	回、度（20）
变化	biànhuà	変化（7）
表	biǎo	時計（13）
别	bié	それ以外、他。～するな（禁止を表す）（15）（17）（19）
不	bù	（否定詞）～ではない。～しない（1）（3）（5）

— 115 —

不错	búcuò	よい。すばらしい。悪くない（7）
不好意思	bùhǎoyìsi	申し訳ない（16）
不客气	búkèqi	遠慮しないで。どういたしまして（2）
不太	bútài	あまり〜ではない（5）
不要	búyào	（禁止を表す）〜するな。〜してはいけない（17）
不用	búyòng	〜する必要がない（17）

C

菜	cài	料理（14）（18）
餐厅	cāntīng	レストラン（12）
厕所	cèsuǒ	トイレ、便所（5）
茶叶	cháyè	お茶（21）
长	cháng	長い（8）（16）
唱	chàng	歌う（7）（10）
长城	Chángchéng	万里の長城（8）（20）
唱歌	chànggē	歌を歌う（7）（11）
炒饭	chǎofàn	焼き飯（14）
超市	chāoshì	スーパーマーケット（5）
车	chē	車（10）
车站	chēzhàn	駅（5）（8）（15）
成	chéng	（動詞＋「成」の形で）完成する、仕上げる（19）
成功	chénggōng	成功する（19）
吃	chī	食べる（6）（14）（22）
吃饭	chīfàn	食事する（6）（14）（22）
抽	chōu	吸う（10）
抽烟	chōuyān	たばこを吸う（10）（19）
出	chū	出る（16）
出差	chūchāi	出張する（20）
初次见面	chūcìjiànmiàn	初めまして（1）
除了	chúle	〜を除いて、〜以外（21）
除了〜还〜	chúle〜hái〜	〜のほかにさらに〜だ（21）
出生	chūshēng	生まれる（12）
出院	chūyuàn	退院する（20）
窗户	chuānghu	窓（6）（12）
窗口	chuāngkǒu	窓口（15）
出租车	chūzūchē	タクシー（19）
次	cì	（助数詞）回（20）
词典	cídiǎn	辞書、辞典（7）（9）（19）

从	cóng	から（12）（16）

D

打	dǎ	（電話を）かける、（球技を）する（20）
大	dà	大きい。年上である（3）（8）（15）
大阪	Dàbǎn	大阪（11）（12）
打电话	dǎdiànhuà	電話をかける（11）（20）
大概	dàgài	だいたい（21）
打工	dǎgōng	アルバイトをする（21）
大家	dàjiā	みんな（11）
打搅	dǎjiǎo	邪魔をする（16）
打开	dǎkāi	開ける（12）
大声	dàshēng	大声で（17）
打算	dǎsuan	〜するつもりだ。〜する予定である（9）（20）
大学	dàxué	大学（2）（6）（17）
大衣	dàyī	コート（13）
大约	dàyuē	およそ（22）
打折（扣）	dǎzhé（kòu）	割り引く（13）
打针	dǎzhēn	注射する（17）
带	dài	携帯する。持つ（16）
大夫	dàifu	医者（17）
单人	dānrén	シングル（12）
但是	dànshì	しかし。けれども。〜が（7）（11）
担心	dānxīn	心配する（17）
单子	dānzi	記入用紙（15）
到	dào	〜に、着く（13）（18）
道路	dàolù	道（21）
的	de	〜の。肯定の語気（2）（12）（19）
得	de	（助詞）程度・結果を表す補語を導く（7）
得	děi	〜しなければならない（10）
等	děng	待つ（8）（12）（17）
弟弟	dìdi	弟（6）
地方	dìfang	場所（12）（17）（19）
地铁	dìtiě	地下鉄（8）（12）
地图	dìtú	地図（22）
点	diǎn	（時間の単位）時（4）
点菜	diǎncài	料理を注文する（14）
电车	diànchē	電車（5）（12）

电话	diànhuà	電話（20）
电脑	diànnǎo	コンピューター、パソコン（2）（10）（16）
电视	diànshì	テレビ（9）（11）
电梯	diàntī	エレベーター（12）
电影	diànyǐng	映画（5）（20）
丢	diū	紛失する、失う（12）
东	dōng	東（6）
懂	dǒng	分かる（15）（18）
东城区	Dōngchéngqū	東城区（5）
冬天	dōngtiān	冬（17）
动物园	dòngwùyuán	動物園（22）
东西	dōngxi	物、物品（5）（9）（17）
都	dōu	いずれも、全部、みんな（2）（14）（17）
读	dú	読む、声を出して読む（17）
堵车	dǔchē	渋滞する（16）
对不起	duìbuqǐ	すみません（16）
兑换	duìhuàn	両替する（15）
对面	duìmiàn	真向かい（6）（22）
多	duō	多い、大いに、どれくらい。～あまり（2）（8）（22）
多长	duōcháng	（時間）どれぐらい（8）
多少	duōshao	いくら、どれほど、どれだけ（4）（15）
多少钱	duōshaoqián	いくら（お金）（13）
肚子	dùzi	腹（7）

E

饿	è	ひもじい（7）（13）
二号	èrhào	二日（4）
二胡	èrhú	二胡（胡弓の一種）（10）（21）
二月	èryuè	二月（4）
儿子	érzi	息子（6）

F

发车	fāchē	発車する（18）
罚款	fákuǎn	罰金をとる（19）
法律	fǎlǜ	法律（2）
发票	fāpiào	領収書（19）
发烧	fāshāo	熱を出す（17）
发炎	fāyán	炎症を起こす（17）

发音	fāyīn	発音（7）
饭	fàn	飯。食事（6）
饭店	fàndiàn	ホテル（12）（14）
犯人	fànren	犯人（19）
翻译	fānyì	翻訳する（19）
放	fàng	置く。休みになる（18）
方便	fāngbiàn	便利である。都合がよい（22）
房间	fángjiān	部屋（12）
非常	fēicháng	非常に（16）
飞机	fēijī	飛行機（12）
分	fēn	貨幣の単位分（一元の百分の一）
		時間の単位分（13）
附近	fùjìn	近く（12）
父母	fùmǔ	両親、父母（17）
服务员	fúwùyuán	（レストラン、ホテルなどの）店員（14）
复习	fùxí	復習する（17）

G

该～了	gāi~le	すべきだ（16）
干	gàn	する、やる（9）
钢琴	gāngqín	ピアノ（21）
高	gāo	高い（15）（22）
告诉	gàosu	告げる、教える（12）
歌	gē	歌（7）（10）
个	ge	（助数詞）個（3）（9）
哥哥	gēge	兄（6）
歌曲	gēqǔ	歌曲（11）
个子	gèzi	身長（15）
给	gěi	あげる。～に（動作の対象を表す）（10）（20）
跟	gēn	～と（いっしょに）、～と共に（13）
公司	gōngsī	会社（2）
公务员	gōngwùyuán	公務員（6）
公用电话	gōngyòngdiànhuà	公衆電話（22）
公园	gōngyuán	公園（6）
工资	gōngzī	給料、賃金（4）
工作	gōngzuò	仕事。仕事をする（6）（21）
狗	gǒu	犬（11）
故宫	Gùgōng	故宮（8）

挂号信	guàhàoxìn	書留郵便（21）
拐	guǎi	曲がる（22）
关	guān	閉める（12）
关上	guānshang	（ぴったり）閉める（12）
关照	guānzhào	面倒を見る。世話をする（1）
关系	guānxi	関係（16）
广场	guǎngchǎng	広場（19）
贵	guì	（値段が）高い（8）（15）（21）
贵姓	guìxìng	お名前（1）
过	guò	過ごす。過ぎる。通る（11）（16）
过	guo	〜したことがある（8）（20）
国际	guójì	国際（21）
国际文化系	guójìwénhuàxì	国際文化学部（2）
过奖	guòjiǎng	ほめすぎる（7）

H

还	hái	まだ。また（7）（15）（21）
还是	háishi	それとも（14）
海运	hǎiyùn	船便（21）
孩子	háizi	子ども（4）
韩国	Hánguó	韓国（21）
寒假	hánjià	冬休み（18）
汉语	Hànyǔ	中国語（6）（12）（21）
好	hǎo	良い（7）（15）（18）
号	hào	ひにち、日（4）
好啊	hǎo a	いいですよ（8）
好吃	hǎochī	美味しい（14）
好好儿	hǎohāor	よく、ちゃんと、しっかり、十分に（10）（17）
号码	hàomǎ	番号（20）
喝	hē	飲む（2）（13）（14）
和	hé	〜と（6）
合适	héshì	ぴったりしている（13）
黑板	hēibǎn	黒板（18）
很	hěn	たいへん、とても（3）（10）（17）
红茶	hóngchá	紅茶（14）
猴	hóu	猿（11）
后	hòu	後ろ（6）
后边	hòubiān	後ろ（6）

后天	hòutiān	明後日（13）
壶	hú	（助数詞）（壺に入った液体を数える）（14）
虎	hǔ	虎（11）
护照	hùzhào	パスポート（12）（19）
滑	huá	滑る（21）
话	huà	言葉。話（17）
花茶	huāchá	ジャスミン茶（14）
回	huí	帰る（10）（16）
会	huì	～することができる。～するであろう（10）（21）
回信	huíxìn	返事。返信（17）
浑身	húnshēn	全身（17）
火车	huǒchē	汽車（18）

J

鸡	jī	鶏（11）
几	jǐ	いくつ。いくら。いくつかの（4）（9）
寄	jì	郵送する（21）
寄存	jìcún	預ける（12）
几点	jǐdiǎn	何時（4）
机会	jīhuì	機会、チャンス（10）
鸡肉	jīròu	鶏肉（15）
几月	jǐyuè	何月（4）
几张	jǐzhāng	何枚（9）
家	jiā	家（3）（8）（16）
家常菜	jiāchángcài	家庭料理（16）
价钱	jiàqian	値段、価格（21）
件	jiàn	（助数詞）枚（上着など）（9）（13）
见	jiàn	会う。動詞の後につけて「感じ取る」意味を表す（18）（20）
健康	jiànkāng	健康である（11）（17）
教	jiāo	教える（10）（12）
角	jiǎo	（貨幣単位）角（一元の十分の一）（13）
叫	jiào	（名前は）～という。～させる。～される（1）（17）
教室	jiàoshì	教室（6）（10）（16）
饺子	jiǎozi	餃子（14）
节	jié	（助数詞）授業などを数える（4）（17）
借	jiè	借りる（9）（16）
结婚	jiéhūn	結婚する（20）

姐姐	jiějie	姉 (6) (15)
介绍	jièshào	紹介（する）(10)
借书	jièshū	本を借りる (9)
结帐	jiézhàng	勘定。決算する (14)
近	jìn	近い (5)
进	jìn	入る (16)
劲儿	jìnr	元気、力 (17)
今年	jīnnián	今年 (8) (11)
今天	jīntiān	今日 (3) (12) (17)
警察	jǐngchá	警察 (19)
经济系	jīngjìxì	経済学部 (2)
京剧	Jīngjù	京劇 (8)
经营系	jīngyíngxì	経営学部 (2)
觉得	juéde	感じる、～と思う (7)
久	jiǔ	（時間が）長い。久しい (17)
就	jiù	すぐ (13) (18) (22)
就这样	jiùzhèyàng	そうしましょう (18)

K

咖啡	kāfēi	コーヒー (2) (14)
卡拉OK	kǎlāOK	カラオケ (11)
开	kāi	開く、開ける (6) (15)
开车	kāichē	車を運転する (10)
开始	kāishǐ	始める (17)
开玩笑	kāiwánxiào	からかう、冗談を言う (17)
开学	kāixué	学校が始まる (18)
看	kàn	見る、読む (5) (7) (8)
考	kǎo	試験する (9)
考试	kǎoshì	テスト (16)
课	kè	授業 (3)
客气	kèqi	遠慮する (16)
课文	kèwén	教科書の本文 (17)
可以	kěyǐ	～することができる、～してもよい (10) (14)
空儿	kòngr	ひま (5)
空运	kōngyùn	空輸（する）、航空便 (21)
口	kǒu	（助数詞）家庭などの人数を数える。～人 (6)
快	kuài	早い。早く (8) (13)
块	kuài	（貨幣単位）元 (13)

快~了	kuài~le	もうすぐ、じきに（18）
快要~了	kuàiyào~le	もうすぐ、じきに（18）
筷子	kuàizi	箸（9）

L

拉	lā	（主に弦楽器を）弾く（10）（21）
辣	là	辛い（14）
来	lái	来る（5）（10）（12）
姥姥	lǎolao	（母方の）おばあさん（6）
老师	lǎoshī	先生（1）（17）（19）
老爷	lǎoye	（母方の）おじいさん（6）
了	le	~した。~になった（7）（21）
冷	lěng	寒い（13）（15）（17）
离	lí	~から、~まで（5）（8）
里	lǐ	なか（10）（11）
理工系	lǐgōngxì	理工学部（2）
礼物	lǐwù	お土産。プレゼント（12）（16）
量	liáng	量る（17）
两	liǎng	ふたつ（4）
辆	liàng	（助数詞）台（9）
两点	liǎngdiǎn	二時（4）
了	liǎo	（動詞・形容詞＋得＋了の形で）~しきれる。~できる（18）
聊天	liáotiān	喋る、雑談する（22）
零花钱	línghuāqián	小遣い（12）
六点	liùdiǎn	六時（4）
流利	liúlì	流暢である（7）
留学	liúxué	留学する（4）（9）
留学生	liúxuéshēng	留学生（2）（4）
龙	lóng	竜（11）
楼	lóu	~階（12）（16）
路	lù	道。道路（22）
路上	lùshang	道中（16）
旅游	lǚyóu	旅行する。観光する（18）

M

吗	ma	質問・疑問を表す（2）
马	mǎ	馬（11）

妈妈	māma	お母さん、母（2）（12）（17）
麻婆豆腐	mápódòufu	マーボー豆腐（14）
买	mǎi	買う（5）（10）（17）
忙	máng	忙しい（3）（5）（17）
猫	māo	猫（9）
毛	máo	（貨幣単位）角（一元の十分の一）（13）
毛衣	máoyī	セーター（13）
没	méi	～していない（8）（14）（21）
没关系	méiguānxi	大丈夫（5）（16）
美国人	Měiguórén	アメリカ人（1）
妹妹	mèimei	妹（6）
每天	měitiān	毎日（3）（5）（7）
没问题	méiwèntí	問題がない（10）
没有	méiyou	ない、持っていない、（比較にもちい）（程度が）及ばない（5）（6）
美元	Měiyuán	アメリカドル（15）
门	mén	ドア（12）（19）
门口	ménkǒu	出入り口（19）
米	mǐ	メートル（10）（22）
～面	miàn	（方位詞）～の方。～の側（6）
民族	mínzú	民族（3）
明年	míngnián	来年（4）
明天	míngtiān	明日（4）（9）（17）
名字	míngzi	名前（1）

N

哪	nǎ	どれ、どの（2）（14）
那	nà	あれ、あの、それ、その、それでは（6）（9）
哪个	nǎge/něige	どれ、どの（2）（9）
那个	nàge/nèige	あれ、あの、それ、その（3）（15）
哪里	nǎli	どこ（6）（12）
那里	nàli	そこ、あそこ（6）
哪儿	nǎr	どこ（5）（9）（14）
那儿	nàr	そこ、あそこ（6）
奶奶	nǎinai	（父方の）おばあさん（6）（11）
难	nán	難しい（7）
南	nán	南（6）
南方人	nánfāngrén	南方出身の人（14）

呢	ne	～している（持続の状態を表す）。～は？(2)(6)(20)
能	néng	～することができる (10)(21)
你	nǐ	あなた (1)
你好	nǐhǎo	こんにちは (1)
你看	nǐkàn	ほら、ごらんなさい (6)
你们	nǐmen	あなたたち (1)(4)(12)
你们好	nǐmenhǎo	皆さん、こんにちは (11)
年	nián	年 (7)
年级	niánjí	学年 (2)
您	nín	あなた。あなたさま (1)
牛	niú	牛 (11)
牛郎	Niúláng	牽牛星、彦星 (11)
牛肉	niúròu	牛肉 (15)
弄坏	nònghuài	壊す (19)
女儿	nǚ'ér	娘 (6)
女生	nǚshēng	女学生、女生徒 (17)

O

哦	ò	（思い当たった時に発する言葉）(15)(17)

P

牌价	páijià	為替レート (15)
旁	páng	そば、傍ら、横 (6)(12)
胖	pàng	（人が）太っている (7)
旁边	pángbiān	かたわら。そば (6)
碰头儿	pèngtóur	待ち合わせる (18)
朋友	péngyou	友人、友達 (2)(10)(16)
皮包	píbāo	かばん (12)
啤酒	píjiǔ	ビール (14)
批评	pīping	しかる (19)
便宜	piányi	安い (11)(13)(15)
漂亮	piàoliang	きれい (11)(16)
瓶	píng	（助数詞）本（瓶に入った液体の数などを数える）(14)

Q

骑	qí	乗る (5)

起	qǐ	起きる（16）
汽车	qìchē	自動車、車（3）（8）
起床	qǐchuáng	起きる、起床する（4）
起来	qǐlái	起きる、立ち上がる（16）
千	qiān	千（4）
前	qián	前（6）
钱包	qiánbāo	財布（19）
铅笔	qiānbǐ	鉛筆（9）
前几天	qiánjǐtiān	先日（12）
前门	Qiánmén	前門（地名）（22）
前面	qiánmian	前（6）
前天	qiántiān	おととい（12）
请	qǐng	どうぞ（2）（12）（20）
清楚	qīngchu	はっきりしている（20）
请多关照	qǐngduōguānzhào	どうぞよろしくお願いします（1）
青椒肉丝	qīngjiāoròusī	中華料理名（14）
请稍等	qǐngshāoděng	ちょっと待って下さい（12）
请问	qǐngwèn	お尋ねします（13）（20）（22）
去	qù	行く（2）（10）（16）

R

然后	ránhòu	それから、その後（9）
让	ràng	させる（使役）。される（受け身）（17）（19）
热	rè	暑い（3）
人	rén	人（6）
人民币	Rénmínbì	中国の通貨（15）
认识	rènshi	知っている。見知る（10）
认真	rènzhēn	真面目である、真剣である（22）
日本	Rìběn	日本（2）（8）（16）
日本菜	Rìběncài	日本料理（18）
日本人	Rìběnrén	日本人（1）（11）
日语	Rìyǔ	日本語（7）（12）
日元	Rìyuán	日本円（15）
如果	rúguǒ	もし……ならば（13）

S

散步	sànbù	散歩する（22）
嗓子	sǎngzi	喉（17）

闪光灯	shǎnguāngdēng	フラッシュ（17）
上	shàng	上。上がる（6）（16）
商场	shāngchǎng	デパート（19）
上车	shàngchē	車に乗る（19）
商店	shāngdiàn	店（13）
上海	Shànghǎi	上海（8）（12）
上海话	Shànghǎihuà	上海語（18）
上课	shàngkè	授業に出る（4）（17）
上网	shàngwǎng	インターネットをする（21）
上午	shàngwǔ	午前（3）（4）
上学	shàngxué	学校へ行く、登校する（5）
稍等	shāoděng	ちょっと待って（12）
烧卖	shāomài	中華料理名（14）
少数	shǎoshù	少人数の（3）
绍兴酒	Shàoxīngjiǔ	紹興酒（中国のお酒）（14）
蛇	shé	蛇（11）
社会福利	shèhuìfúlì	社会福祉（4）
社会学	shèhuìxué	社会学（3）
社会学系	shèhuìxuéxì	社会学部（2）
什么	shénme	なに。なにか（1）（9）（10）
什么时候	shénmeshíhou	いつ（10）（18）
身体	shēntǐ	身体、体（3）（11）（17）
生气	shēngqì	腹が立つ、怒る（17）
是	shì	〜である（1）
试	shì	試す（10）
事	shì	用事。事柄（10）
十二月	shí'èryuè	十二月（4）
时候	shíhou	時（8）（12）（18）
时间	shíjiān	時間（8）（13）（16）
事情	shìqing	事、用事（15）
十四号	shísìhào	十四日（4）
食堂	shítáng	食堂（2）（3）（4）
市政府	shìzhèngfǔ	市役所（6）
手表	shǒubiǎo	腕時計（12）
手机	shǒujī	携帯電話（3）
书	shū	本、書物（9）（11）（18）
鼠	shǔ	ネズミ（11）
属	shǔ	〜年である（十二支で生まれた年を言う場合）（11）

书店	shūdiàn	書店、本屋（9）
舒服	shūfu	気持ちがいい（13）（17）
属虎的	shǔhǔde	とら年（11）
暑假	shǔjià	夏休み（9）
双	shuāng	助数詞（靴、手袋、箸など）（9）（13）
谁	shuí/shéi	だれ（6）（12）
水	shuǐ	水（13）
睡	shuì	眠る（7）
水果	shuǐguǒ	果物（12）
说	shuō	話す。言う（7）（17）（20）
送	sòng	見送る。贈る（16）
酸懒	suānlǎn	だるい（17）
岁	suì	助数詞（年齢を数える）歳（11）
随便	suíbiàn	（制限なく）自由に（16）
虽然	suīrán	～ではあるけれども（11）
所以	suǒyǐ	だから（21）

T

他	tā	彼（1）（2）（10）
她	tā	彼女（1）（2）（7）
他们	tāmen	彼ら（1）（2）
台	tái	助数詞（機械、設備などを数える）台（10）
太	tài	～すぎる。とても。たいへん（7）
弹	tán	弾く。演奏する（21）
特别	tèbié	特に、とりわけ（11）
疼	téng	痛い（17）
体温	tǐwēn	体温（17）
天	tiān	日（14）
填	tián	記入する（15）
天安门	Tiān'ānmén	天安門（19）
田地	tiándì	田畑（11）
天津	Tiānjīn	天津（18）
条	tiáo	（助数詞）本（9）
听	tīng	聞く（11）（15）（20）（22）
停	tíng	止まる（19）
挺	tǐng	とても（22）
停车	tíngchē	駐車する（19）
听懂	tīngdǒng	聞いて分かる（15）

听说	tīngshuō	聞くところによれば～だそうだ（20）
同意	tóngyì	同意する。賛成する（19）（21）
偷	tōu	盗む（19）
头	tóu	（方位詞をつくる）（6）
兔	tù	ウサギ（11）
突然	tūrán	突然、いきなり（16）
图书大厦	Túshūdàshà	図書ビル（9）
图书馆	túshūguǎn	図書館（9）（18）

W

外	wài	外（6）
外国	wàiguó	外国（3）
外国人	wàiguórén	外国人（8）
完	wán	完結する。お終いになる。～し終わる（15）
晚	wǎn	遅い（16）
万	wàn	万（4）
晚饭	wǎnfàn	夕食（12）
玩儿	wánr	遊ぶ（8）（13）
晚上	wǎnshang	夜、夕方、晩（4）（10）（17）
往	wǎng	～に。～へ（19）（21）（22）
忘	wàng	忘れる（19）
喂	wéi	もしもし（20）
为什么	wèishénme	どうして、なぜ（19）
危险品	wēixiǎnpǐn	危険物（21）
文学系	wénxuéxì	文学部（2）
问	wèn	尋ねる（13）
问路	wènlù	道を尋ねる（22）
问题	wèntí	問題（15）
文学	wénxué	文学（2）（3）
我	wǒ	私、ぼく（1）
我们	wǒmen	私たち（2）（8）（13）
物价	wùjià	物価（8）（15）
五月	wǔyuè	五月（4）

X

西	xī	西（6）
系	xì	学部、学科（2）（4）
西单	Xīdān	西単（地名）（19）

喜欢	xǐhuan	好きだ（10）（11）（14）
下	xià	下。(雨、雪などが) 降る。降りる（13）（16）（18）
下午	xiàwǔ	午後（3）（4）
下雨	xiàyǔ	雨が降る（21）
先	xiān	先に（9）
现在	xiànzài	今（4）（5）（13）
想	xiǎng	〜したい、〜したいと思う（9）（13）
香港	Xiānggǎng	香港（20）
小	xiǎo	小さい（3）（18）
小时	xiǎoshí	時間（7）（8）
小说	xiǎoshuō	小説（8）（12）（15）
小偷	xiǎotōu	どろぼう。こそどろ（19）
消息	xiāoxi	ニュース、情報（12）
小心	xiǎoxīn	気をつける。（16）
鞋	xié	靴（13）
写	xiě	書く（5）（15）
谢谢	xièxie	ありがとう（3）（11）
新	xīn	新しい（9）
信	xìn	手紙（5）（6）
信号灯	xìnhàodēng	信号（22）
辛苦	xīnkǔ	苦労する（5）
心意	xīnyì	心、気持ち（13）
行	xíng	よろしい。かまわない（18）
姓	xìng	姓。姓は〜である（1）
星期	xīngqī	週（4）曜日（21）
星期几	xīngqījǐ	何曜日（4）
星期六	xīngqīliù	土曜日（9）
星期天	xīngqītiān	日曜日（4）
星期一	xīngqīyī	月曜日（4）
休息	xiūxi	休息する、休む（8）
学	xué	学ぶ、習う（7）（12）
学生	xuésheng	学生（2）（3）（11）
学习	xuéxí	学習（する）、勉強（する）（6）（10）（22）
学校	xuéxiào	学校（2）（5）

Y

| 烟 | yān | タバコ（10） |
| 羊 | yáng | 羊（11） |

要	yào	ほしい。～しなければならない (8) (14) (17)	
药	yào	薬 (17)	
要～了	yào~le	まもなく、もうすぐ (18)	
钥匙	yàoshi	鍵 (12)	
也	yě	～も (2) (3) (14)	
爷爷	yéye	(父方の) おじいさん (6)	
亿	yì	億 (4)	
一百	yìbǎi	百 (4) (10)	
一边～一边	yìbiān~yìbiān~	しながら～する (22)	
一点儿	yìdiǎnr	少し (9) (13)	
一定	yídìng	必ず。きっと (19)	
衣服	yīfu	服 (9) (21)	
一个	yíge	ひとつ (10)	
一个星期	yígexīngqī	一週間 (21)	
一个月	yígeyuè	一ヶ月 (4)	
一共	yígòng	全部で、合わせて (6)	
一号	yīhào	一日 (4)	
以后	yǐhòu	～の後 (2) (15)	
已经	yǐjing	すでに、もう (21)	
一刻	yíkè	15分 (4)	
一块儿	yíkuàir	一緒に (18)	
一起	yìqǐ	一緒に (8)	
以前	yǐqián	前、以前 (18)	
以外	yǐwài	～以外 (21)	
一下	yíxià	ちょっと (15)	
医院	yīyuàn	病院 (17)	
一月	yīyuè	一月 (4)	
椅子	yǐzi	椅子 (9)	
银行	yínháng	銀行 (6) (9) (15)	
饮料	yǐnliào	飲み物 (14)	
因为	yīnwèi	～なので、～だから (21)	
音乐	yīnyuè	音楽 (22)	
音乐会	yīnyuèhuì	音楽会。コンサート (8)	
英国人	Yīngguórén	イギリス人 (1)	
英文	Yīngwén	英語、英文 (10) (19)	
英语	Yīngyǔ	英語 (10) (21)	
用	yòng	(手段を表す) ～で (5)	
游	yóu	泳ぐ (10)	

有	yǒu	ある。いる。持っている（3）（7）（10）
右	yòu	右（6）（22）
有点儿	yǒudiǎnr	ちょっと（13）
邮局	yóujú	郵便局（21）
有意思	yǒuyìsi	面白い（7）（22）
游泳	yóuyǒng	泳ぐ（10）
雨	yǔ	雨（13）（18）（19）
预定	yùdìng	予定（12）
愉快	yúkuài	楽しい（11）
元	yuán	（貨幣単位）元（13）
远	yuǎn	遠い（5）
原价	yuánjià	原価（13）
月	yuè	月（4）（22）
约定	yuēdìng	約束する（18）
月票	yuèpiào	定期券（12）

Z

在	zài	ある、いる。～に、～で。～している（5）（6）（8）（11）
再	zài	もっと、さらに（13）（20）
再见	zàijiàn	さようなら（1）（16）
咱们	zánmen	（話し手と聞き手を含む）私たち（1）（8）
早	zǎo	早い、早く（8）（10）
早上	zǎoshang	朝（4）
怎么	zěnme	どうやって、どう（5）
怎么办	zěnmebàn	どうしよう（19）
怎么了	zěnmele	どうしましたか（18）
怎么样	zěnmeyàng	どうですか（7）（13）（18）
站	zhàn	駅。立つ（6）（16）（18）
张	zhāng	（助数詞）枚（9）
帐户	zhànghù	口座（15）
找	zhǎo	釣銭を返す。探す（13）（15）（20）
找到	zhǎodào	探しあてる。見つかる（15）
着急	zháojí	急いでいる、焦る（21）
照片	zhàopiàn	写真（6）
照相	zhàoxiàng	写真を撮る（10）
照相机	zhàoxiàngjī	カメラ（13）
这	zhè	これ。この。それ。その（6）（8）

着	zhe	（持続を表す）〜している（6）
这里	zhèli	ここ。そこ（6）
这么	zhème	このように（16）（18）
这个	zhèige	これ。この。それ。その（3）（6）（15）
真	zhēn	本当に（7）
正	zhèng	ちょうど（11）（13）
正好	zhènghǎo	ちょうど（9）
正在	zhèngzài	〜している（11）
这儿	zhèr	ここ。そこ（6）（10）（22）
枝	zhī	（助数詞）本（9）
只	zhī	（助数詞）匹（9）
纸	zhǐ	紙（9）
知道	zhīdao	知っている、分かる（20）（22）
质量	zhìliàng	品質（11）
中国	Zhōngguó	中国（3）（7）（11）
中国人	Zhōngguórén	中国人（1）
中国文学	Zhōngguówénxué	中国文学（3）
中文	Zhōngwén	中国語（2）（5）
中午	zhōngwǔ	昼（4）
猪	zhū	ブタ（11）
住	zhù	泊まる、住む（12）
主食	zhǔshí	主食（14）
注意	zhùyì	注意する（3）
抓住	zhuāzhù	捕まえる（19）
转告	zhuǎngào	伝言する（20）
专业	zhuānyè	専攻（2）（3）
准备	zhǔnbèi	用意する。準備する（15）（16）
字	zì	文字（18）
自行车	zìxíngchē	自転車（5）
走	zǒu	歩く。行く（8）（16）（22）
最近	zuìjìn	最近。このごろ（5）
左	zuǒ	左（6）（22）
坐	zuò	座る。乗る（5）（12）（19）
做	zuò	する、やる（6）（9）（15）
做客	zuòkè	客になる（16）
昨天	zuótiān	昨日（7）（12）
做完	zuòwán	やり終る（12）
作业	zuòyè	宿題（9）（15）
左右	zuǒyòu	約、〜ぐらい（21）

《著者紹介》

竹山相哲　龍谷大学社会学部教授
張　健同　龍谷大学非常勤講師
中　みき子　元龍谷大学非常勤講師
李　愛華　龍谷大学非常勤講師
坂井多穂子　東洋大学文学部東洋思想文化学科教授

超中国語入門

| 2010年5月30日 | 初版第1刷発行 | ＊定価は表紙に表示してあります |
| 2023年4月25日 | 初版第5刷発行 | |

著　者　　竹　山　相　哲
　　　　　張　　　健　同
　　　　　中　　　みき子 ©
　　　　　李　　　愛　華
　　　　　坂　井　多穂子

発行者　　萩　原　淳　平

発行所　株式会社　晃　洋　書　房
〒615-0026　京都市右京区西院北矢掛町7番地
電話　075(312)0788番(代)
振替口座　01040-6-32280

ISBN 978-4-7710-2171-6　版下　(株)中国語翻訳センター
印刷・製本　亜細亜印刷(株)

JCOPY 〈(社)出版者著作権管理機構 委託出版物〉

本書の無断複写は著作権法上での例外を除き禁じられています．
複写される場合は，そのつど事前に，(社)出版者著作権管理機構
（電話03-5244-5088, FAX 03-5244-5089, e-mail:info@jcopy.or.jp）
の許諾を得てください．